GARY HEADS

AUF VIER PFOTEN ZUR ERLEUCHTUNG

GARY HEADS

AUF VIER PFOTEN ZUR ERLEUCHTUNG

Ein Hund, der Buddha und
der Sinn des Lebens

Aus dem Englischen
von Karin Weingart

Lotos

Die Originalausgabe erschien 2019 unter dem Titel
The Enlightened Spaniel. A Dog's Quest to be a Buddhist
bei Right Nuisance Publishing.

Das vorliegende Buch ist sorgfältig erarbeitet worden. Dennoch erfolgen alle Angaben ohne Gewähr. Weder Autor noch Verlag können für eventuelle Nachteile oder Schäden, die aus den im Buch gemachten praktischen Hinweisen resultieren, eine Haftung übernehmen.

Der Verlag behält sich die Verwertung der urheberrechtlich geschützten Inhalte dieses Werkes für Zwecke des Text- und Dataminings nach § 44 b UrhG ausdrücklich vor. Jegliche unbefugte Nutzung ist hiermit ausgeschlossen.

Verlagsgruppe Penguin Random House FSC® N001967

Erste Auflage 2023
Copyright © 2019 Gary Heads
Illustrationen von Toby Ward
Copyright © der deutschsprachigen Ausgabe 2023
by Lotos Verlag, München,
in der Penguin Random House Verlagsgruppe GmbH,
Neumarkter Straße 28, 81673 München
Alle Rechte sind vorbehalten.
Printed in Germany.
Redaktion: Beate Schlachter
Covergestaltung: Guter Punkt, München,
unter Verwendung von Motiven
von © zumikobayashi/iStock/Getty Images Plus;
© natrot/iStock/Getty Images Plus;
© Sarah Borchart/Guter Punkt
Satz: Leingärtner, Nabburg
Druck und Bindung: Pustet GmbH, Regensburg
ISBN 978-3-7787-8316-0

www.Integral-Lotos-Ansata.de

Im Buddhismus werden Tiere seit jeher als fühlende Wesen betrachtet. Außerdem besitzen sie (jedenfalls in der Mahayana-Tradition) die Buddha-Natur und verfügen deshalb über das Potenzial, erleuchtet zu werden. Mehr noch: Der Reinkarnationstheorie zufolge können nicht nur Menschen als Tiere wiedergeboren werden, sondern auch Tiere als Menschen.

Ein Tier könnte die Reinkarnation eines oder einer verstorbenen Verwandten sein. Und könnte man nur lang genug auf die Reihe vergangener Leben zurückblicken, käme man bestimmt zu der Überzeugung, mit jedem Tier entfernt verwandt zu sein.

Wie der Buddha erklärt, waren die fühlenden Lebewesen, die heute die Erde bewohnen, in früheren Leben unsere Mütter, Brüder, Schwestern, Väter, Kinder, Freunde und Freundinnen. Deshalb sollten sich auch die moralischen Regeln für den Umgang mit Tieren nicht allzu sehr von denjenigen unterscheiden, die unter Menschen gelten. Denn letztlich gehören wir alle – Tiere wie Menschen – ein und derselben Familie an. Und sind untrennbar miteinander verbunden.

Wie die Mutter, die ihr Kind,
ihr einziges Kind, mit ihrem Leben beschützt,
sollten wir aus grenzenloser Herzensgüte heraus
alle lebenden Wesen lieben:
liebende Güte in die gesamte Welt ausstrahlen

Für Edna May

INHALT

1
Der Anfang
11

2
Das Hier und Jetzt
25

3
Was der Buddha sagt
51

4
Ganz neu sitzen lernen – Meditation
71

5
Schweige-Retreat
109

6
Reinkarnation – wir sind schon mal hier gewesen,
da bin ich mir ganz sicher …
135

7
Karma – wir waren auch ganz brav, großes Spaniel-
Ehrenwort!
155

8
Liebende Güte – Freundschaft mit dem Kater
von nebenan
185

9
Auf dem Spielfeld des Bewusstseins
201

10
Dharma, Dogma und die Ultimative Wahrheit
225

11
Das Kloster
243

12
Die transformative Kraft des Mitgefühls
263

13
Die Welt, wie Halbschwester sie sieht
281

Darstellerinnen und Darsteller
299

Literaturhinweise vom Kollegen Bücherschrank
301

1

DER ANFANG

Achtsamkeit ist eine lebenslange Reise auf einem Pfad,
der letztlich nirgendwo hinführt – außer zu dir selbst.
JON KABAT-ZINN

Statt uns den Schneid abkaufen zu lassen von der Tatsache,
dass in den Informationen, die Kollege Bücherschrank
zusammengetragen hat, jeder Hinweis auf Spaniels fehlt,
sind wir jetzt umso motivierter, zu unserer Reise aufzubrechen.

Am Anfang stand die natürliche Neugier, jener allen Spaniels von Geburt an eigene Wissensdurst. Denn dieser verhalf einer Angehörigen unserer Rasse – nämlich mir – zu einer einfachen Beobachtung. Genauso gut könnte es aber auch an ihrem instinktiven Bedürfnis gelegen haben, sich nichts entgehen zu lassen. Mit anderen Worten: an ihrer Neugier. Solche von Erkenntnisdrang getriebene Sondierungen haben schon die verblüffendsten Resultate gezeigt, zum Beispiel die Entdeckung von Essbarem, die langersehnte Heimkehr eines schon ewig vermisst gemeldeten Tennisballs oder aber schlimmstenfalls auch eine Fahrt zur Tierärztin.

Wobei zunächst einmal gesagt werden muss, dass die infrage stehende Beobachtung an sich keineswegs ungewöhnlich war. In Wahrheit ist es in diesem Haus nämlich regelmäßig so, dass Dad sich nach oben schleicht, um dort mit geschlossenen Augen bewegungslos rumzuhocken wie eine Bildsäule.

Bei solchen Gelegenheiten haben wir ihn schon oft sagen hören, er gehe hoch, um zu meditieren. Ehrlich gesagt hat er das unserer Erinnerung nach schon immer getan. Außerdem könnte man geradezu die Uhr danach stellen. (Also natürlich nur für den Fall, dass wir eine hätten.)

Bewaffnet mit seinem Meditationsbänkchen und einer Wolldecke verschwand er immer exakt dreißig Minuten lang – nur um nach dreimaligem Schlagen einer Glocke wieder aufzutauchen, die das Ende der Meditation verkündete. Nie, nie, nie hat ihn in dieser Zeit je irgendwer gestört. Weder Mom noch meine ältere Halbschwester – und ich schon gar nicht. Allerdings dürfte er das eine oder andere Mal eine schwarze Schnauze bemerkt haben, die außen am unteren Türrand schnüffelte.

Dass sich der heutige Tag von allen vorhergehenden unterscheidet, an denen wir dieses rituelle Geschehnis beobachteten, liegt einfach daran, dass uns heute die Neugier überwältigt und wir beschlossen haben, endlich herauszufinden, was genau Dad da oben in seinem Büro eigentlich anstellt. Denn wir wissen zwar, dass er »meditiert«, haben aber nicht die geringste Ahnung, was das überhaupt sein könnte.

Deshalb steht jetzt eine konzertierte Aktion zum Zwecke der Erkundung alles Meditativen an. Außerdem wollen wir herausfinden, *warum* er das, was er da tut, überhaupt tut. (Nur damit uns auch ja nichts Entscheidendes entgeht.)

Bevor ich weiterspreche, sollte ich vielleicht noch das eine oder andere erklären: Wie dir vielleicht aufgefallen ist, habe ich von »wir« gesprochen und jemanden namens Halbschwester erwähnt. Dazu musst du wissen, dass wir beide English Springer Spaniels sind und ein und dieselbe Mutter haben. Was unsere Väter angeht – nun, je weniger von ihnen die Rede ist, desto besser.

Auseinanderhalten kann man uns farblich: Mein Fell ist schwarz-weiß, das von Halbschwester braun-weiß. Und nur mal so nebenbei bemerkt: Obwohl es sich bei uns um Jagdhündinnen, also eigentlich Nutz- und Arbeitstiere handelt, haben wir beide bislang noch keinen einzigen Cent für unsere Bemühungen erhalten.

Ein weiterer Punkt, der uns unterscheidet, ist der Körperbau. Wir sind zwar Halbgeschwister, niemand aber käme je auf die Idee, wir könnten Zwillinge sein. Würden wir an den Olympischen Spielen teilnehmen (was uns bei genauer Überlegung mit größerer Wahrscheinlichkeit möglich wäre als eine Teilnahme an der Crufts, der weltgrößten Hundeshow), würde ich wohl am ehesten im Hundert-Meter-Lauf antreten. Halbschwester dagegen bei den Gewichtshebern. Und diesen Wettbewerb würde sie vermutlich sogar gewinnen.

Eins muss ich zugeben: Die Suche nach den Geheimnissen der Meditation geht volle Kanne auf meine Wenigkeit zurück. Halbschwester scheint daran zwar auch interessiert und will mich unbedingt begleiten, aber aus anderen Gründen. Ihr geht es, glaube ich, mehr um das eine oder andere Schläfchen und zusätzliches Futter. Denn statt an der Erweiterung ihres geistigen Horizonts scheint ihr wohl eher an der ihres Bauchumfangs gelegen zu sein.

Experten sind wir, wie du siehst, auf dem Gebiet der Meditation also nicht gerade. Aber das Ganze sieht für uns doch ziemlich nach Schlafen aus – und in dieser Disziplin dürfen wir uns guten Gewissens als wahre Zen-Meister betrachten.

Wie alle guten Spaniels werden wir uns im Folgenden ganz auf unsere Nase verlassen, um dem uns noch rätselhaften Phänomen auf die Spur zu kommen. Schließlich könnte sich daraus eine höhere Bewusstseinsebene für uns ergeben. Und wenn nicht? Dann war das doch allemal ein für einen Spaniel mordsbeeindruckender Satz.

Nun, wie bereits erwähnt, übt sich Dad schon seit wir uns erinnern können im Meditieren. Und mehr noch: Er bringt es sogar anderen bei. Die lernen das, um besser mit Stress und innerer Unruhe klarzukommen und um sich insgesamt besser zu fühlen. So hat er es jedenfalls Mom gegenüber mal ausgedrückt. Wenn man nur genügend übt, lernt man offenbar, auf stressige Situationen achtsamer und weiser zu reagieren. (Was wohl die Alternative zu kopflosen Überreaktionen und sinnentleertem Ausrasten ist.)

In jenen überaus seltenen Momenten, in denen der Pfad des Lebens auf leicht abschüssiges Gelände zu führen droht, kann das, wie wir finden, ganz nützlich sein. Also zum Beispiel in den kurzen Momenten, in denen dein Schwanz partout nicht wedeln will, weil der Typ vom Lieferdienst das Hundefutter nicht rechtzeitig angeschleppt hat; wenn alle Tennisbälle unterm Sofa gelandet sind, keiner den Blick vom Fernseher abwenden kann und Halbschwester die Fernbedienung klaut, um Aufmerksamkeit zu erpressen.

Das Thema Meditation fesselt uns momentan total, absorbiert unsere gesamte Neugier und Fantasie. Wir sind ganz Nase – wie zwei aufgeregte Spaniels auf einer Fasanenfarm. Und solange die Leute noch rumsitzen und meditieren, könnten wir eigentlich die Zeit nutzen, um die Fernbedienung loszulassen und herauszufinden, worum es da eigentlich geht. Na ja, einen Moment lang jedenfalls.

Nach Anhaltspunkten, was Zweck und Ursprung des Meditierens angeht, brauchen wir nicht lange zu suchen. Bei uns zu Hause fliegen überall Bücher zu dem Thema herum. Insbesondere welche von einem Typen namens Buddha, der auch oft »Der Erleuchtete« genannt wird. So, wie es aussieht, stammt die Empfehlung zu meditieren von ihm. Und beileibe nicht nur die. Es gibt hier sogar ein Buch über das Nicht-Tun. Das ist original was für Halbschwester. Die tut nämlich den ganzen Tag lang nix und macht am nächsten gleich damit weiter, weil sie am Vorabend nicht fertig geworden ist.

Viele der Bücher haben hochinteressante Titel und beinhalten Wörter, die allem Anschein nach dem Lexikon des Meditierens entstammen. Sehr oft kommen zum Beispiel Ausdrücke wie »Weg«, »Pfad« und »Jenseits« vor. Und es sieht ganz so aus, als müsste man gleich damit loslegen, weil in dem Zusammenhang auch oft von »hier«, »jetzt« und dem »gegenwärtigen Augenblick« die Rede ist.

Bei unserer Suche nach allem, was mit Meditation zu tun hat, und bei der wir nach Kräften vom Kollegen Bücherschrank unterstützt werden, unserem guten Freund, stoßen wir auch auf ziemlich verstaubte Schriften über die Erziehung von English Springer Spaniels. Na, viel Glück!, kann ich da nur sagen. Mom und Dad hielten so ein Training wohl für eine gute Idee ... bis ihnen schließlich die Wahrheit dämmerte. Aber egal, zurück zu Pfad, Weg, jenseits ... was auch immer.

Nach eingehender Betrachtung kommen wir zu dem Ergebnis, dass man einem Pfad folgen muss und unterwegs nicht trödeln oder rumschnüffeln darf, weil das Ganze irgendwie dringend zu sein scheint. Und sollte man sich mal verlaufen, wendet man sich am besten an diesen Buddha.

Weitere Recherchen ergeben jedoch, dass es sich bei dem Pfad nicht um einen Gartenweg handelt oder so, sondern eher um eine Art Trainingspfad. Was eine vertrackte Sache ist und mir jedenfalls ordentliche Anstrengungen abverlangen könnte. Bei meinem letzten Versuch an so einem Training habe ich ganze drei Monate gebraucht, mich daran zu gewöhnen, und dabei ging es nur darum, pinkeln im Freien zu lernen.

Bei Halbschwester verlief das mit dem Stubenreinwerden dem Vernehmen nach vollkommen reibungslos. Das spielerische Beißen ließ sie sich dagegen nur schwer abgewöhnen; mit Selbstbeherrschung hatte sie es als Welpe wohl eher nicht so. Scheint ein ziemlich wilder kleiner Hund gewesen zu sein. Doch als ich dann dazukam und anfing ihr auf die Nerven zu gehen, war sie wohl schon etwas abgeklärter.

In dem ganzen Meditationsgedingse scheint der Atem eine entscheidende Rolle zu spielen. Heute haben wir jedenfalls in Dads Computer einen Mann reden hören, der sagte, dass wir alle längst tot wären, müssten wir uns ständig daran erinnern, das Atmen nicht zu vergessen. Außerdem hat er gesagt, dass wir beim Meditieren irgendwie aufpassen und uns auf jeden einzelnen Atemzug konzentrieren sollen. Und falls der Geist mal abschweift und irgendwo andershin wandert, sollten wir ihn sanft zurückbringen und von vorn anfangen.

Der Typ war ganz okay und das, was er gesagt hat, ziemlich informativ. Bis er dieses »Den-Geist-Zurückbringen« beschrieben hat. Das hörte sich dann irgendwie so an, als wollte er einem Welpen das Kommando zum Hinsetzen beibringen. Vielleicht könnte er sich ja jedes Mal ein Leckerli zuwerfen, wenn ihm auffällt, dass sein Geist auf Wanderschaft geht. Und wer weiß: Wenn wir erst mal den Dreh raushaben, werden wir vielleicht auch erleuchtet. Genau wie der Buddha. Na ja, mir ist schon klar, dass das eine ziemlich außergewöhnliche Leistung wäre. Aber allein der Gedanke, womöglich zur Spaniel-Legende aufsteigen zu können, ist Motivation genug, zu dieser Reise aufzubrechen.

Ein bedeutender Mitstreiter bei dem Abenteuer wird unser Freund Kollege Bücherschrank sein. Der hängt im Esszimmer rum und fungiert in diesem Haushalt als Quelle der Weisheit. Was der nicht weiß, ist auch nicht wissenswert. Wir können von Glück sagen, dass Dad von seinen Besuchen im buddhistischen Kloster immer so viele Bücher mitbringt. Denn so mangelt es uns nicht an den Lehren des Erleuchteten.

Kollege Bücherschrank ist so nett, uns eine Literaturliste zusammenzustellen, und hat auch ein paar sehr, sehr merkwürdige Wörter aufgeschrieben wie zum Beispiel *Achtsamkeit*, *Gewahrsein*, *Dharma*, *Karma*, *Reinkarnation* und *liebende Güte*, um nur einige wenige zu nennen. Außerdem zitiert er gern den folgenden Satz eines gewissen Jon Kabat-Zinn: »Achtsamkeit ist eine lebenslange Reise auf einem Pfad, der letztlich nirgendwo hinführt – außer zu dir selbst.«

Wir halten diese Behauptung für die unnützeste, die wir je gehört haben. Würden wir einen Weg gehen, der ins Nirgendwo führt, würden wir uns letztlich irgendwo verlaufen und wüssten nicht mehr, wo wir wären – ganz egal, wer wir sind. Wie sich herausgestellt hat, stammt dieser Satz ausgerechnet von der Person, die auch schon das »Den-Geist-Zurückbringen« beschrieben hat wie das Kommando zum Hinsetzen. Mehr sag ich dazu nicht.

Wir wüssten gern, ob wir auf diesem Meditationspfad für Spaniels Pioniere sind oder ob andere tapfere, zu allem entschlossene Vierbeiner ihn bereits vor uns gegangen sind. Kollege Bücherschrank, der für ein bisschen Recherche immer gern zu haben ist, hat angeboten, sich mit der Frage zu beschäftigen. Unter Berücksichtigung der ihm bekannten Bücher, in denen sowohl das Meditieren als auch Hunde erwähnt werden, hat er die folgenden Fakten zutage gefördert.

Ob der Lhasa Apso wirklich meditiert hat oder überhaupt den Lehren des Buddhas gefolgt ist, wie es heißt, weiß heute niemand mehr genau. Sicher ist aber, dass Hunde dieser Rasse echt viel mit den richtigen Leuten zusammen waren und deshalb die besten Chancen hatten. Kollege Bücherschrank zufolge wurden die Tiere ursprünglich als so etwas wie Wachhunde gezüchtet. Und zwar in tibetischen Klöstern. Dort bestand ihre Aufgabe darin, die Mönche vor Eindringlingen zu warnen.

Schon beeindruckend: dass ein derart kleiner Hund so einen verantwortungsvollen Job haben konnte. Denn schließlich ging es dabei ja um nichts Geringeres als den Spagat, etwaige Übeltäter ordentlich anzubellen, aber keinen Mucks von sich zu geben, wenn die Mönche meditierten. Halbschwester meint allerdings, das wäre auch nicht beeindruckender als die Fähigkeit, Fasane zu apportieren, statt sie totzubeißen. Womit sie ja irgendwie recht hat.

Über den Shih Tzu hat Kollege Bücherschrank ebenfalls eine faszinierende Geschichte ausgegraben. Demnach kam dieses kleine Hündchen ursprünglich aus Tibet, verbreitete sich dann aber bis nach China. Einen gewissen Abenteuersinn muss er selbst heute noch haben, denn das Exemplar, das wir kennen, wohnt bei uns die Straße runter. Der Legende zufolge markiert die weiße Strähne, die er auf der Stirn hat, die Stelle, an der ihm der Buddha den Finger aufgelegt hat, um ihn zu segnen. Und wie es heißt, verweisen auch andere Körperteile des Shih Tzus auf den Buddhismus. Was wohl irgendwie mit der Symbolik zu tun hat, mit der diese Rasse in Verbindung gebracht wird.

Ob das alles so stimmt, können wir natürlich nicht überprüfen. Für uns Hunde wäre es allerdings ein großer Pluspunkt, wenn sich die alte Idee, dass der Shih Tzu tatsächlich vom Buddha höchstpersönlich gesegnet wurde, als wahr herausstellen würde.

Nach stundenlanger Recherche teilte uns Kollege Bücherschrank widerstrebend mit, er sei in keiner einzigen Schrift auf eine gemeinsame Erwähnung der Wörter Spaniels mit Meditation oder Buddha gestoßen.

Als die sanfte Seele, die er ist, sprach er dann weiter und präsentierte uns all die faszinierenden Fakten und Mythen über

Spaniels, die er in Erfahrung gebracht hatte. Demnach besaß William Wallace einen English Springer Spaniel namens Merlin, der sogar mit ihm in die Schlacht zog. Und an welcher Stelle, bitteschön, wird das in *Braveheart* erwähnt? Außerdem gab es da noch die English-Springer-Dame Millie, die mit US-Präsident Bush senior im Weißen Haus gewohnt hat. Und nicht zu vergessen Buster, der für seine Tapferkeit im Irak-Krieg mit der Dickin Medal ausgezeichnet wurde (dem Tieren verliehenen Äquivalent des Victoria-Kreuzes).

Da ausgesprochen viel über diese Thematik geschrieben wurde und Kollege Bücherschrank seine Arbeit immer sehr ernst nimmt, haben wir uns schließlich damit abgefunden, dass im Schrifttum weder ein erleuchteter noch ein meditierender Spaniel je erwähnt wurden. Nicht einmal als Schutzhund eines Klosters oder Tempels.

Halbschwester weist vollkommen zu Recht darauf hin, dass auch wir einen weißen Fleck auf der Stirn haben und der Buddha uns womöglich nur nicht hat segnen können, weil wir typischerweise dauernd mit dem Hintern wackeln und wild im Kreis herumtänzeln. Weil er einfach nicht an uns rankam.

Zu erwägen gäbe es allerdings auch eine weitere Option (wiewohl diese eine Spur abenteuerlich wäre). Dabei ginge es darum, uns irgendwie nach Indien oder Nepal zu schaffen und am *Tihar* teilzunehmen, einem fünftägigen hinduistischen Fest. Hunden wird bei dieser Gelegenheit dadurch die Ehre erwiesen, dass sie die *Tika* bekommen, den heiligen roten Segenspunkt auf der Stirn, und mit Blumengirlanden geschmückt werden.

Die Menschen dort, die sich der hinduistischen Lebensweise verpflichtet fühlen, glauben, dass die Himmelspforte von Hunden bewacht wird, sodass man nett zu uns sein sollte, will man das Risiko, der Tür verwiesen zu werden, nicht eingehen. Das sollten viel mehr Leute erfahren, finden wir.

Halbschwester, die sich viele Gedanken über dieses hinduistische Tihar-Fest gemacht hat, hält die Blumengirlanden zwar für eine nette Geste, meint jedoch, dass vor allem ausreichend Futter bereitgestellt werden sollte. Das mit dem roten Punkt auf der Stirn gehe auch in Ordnung, findet sie, solange er nach einer Weile verblasse und bald wieder verschwinde. Hört sich alles ganz so an, als wüssten die da in Nepal und so genau, wie Hunde korrekt zu behandeln sind. Allerdings haben wir keine Pässe und würden die gefürchteten Impfungen benötigen. Die Destinationen Indien und Nepal stellen also definitiv nur die allerletzte Option für uns dar.

Statt uns den Schneid abkaufen zu lassen von der Tatsache, dass in den Informationen, die Kollege Bücherschrank zusammengetragen hat, jeder Hinweis auf Spaniels fehlt, sind wir jetzt umso motivierter, zu unserer spirituellen Reise aufzubrechen. Halbschwester meint, wir sollten nach den Sternen greifen und alles tun, um die Spaniel-Tradition aufrechtzuerhalten. Deshalb haben wir uns nun nach reiflicher Überlegung entschlossen, Dads Beispiel zu folgen und meditieren zu lernen.

Nachdem unser Ärger darüber abgeflaut ist, dass der Buddha den Kloster-Job dem Lhasa Apso zugeschanzt hat, ohne uns auch nur zum Bewerbungsgespräch zu laden (und ganz abgesehen davon, dass wir auch beim Segnen übergangen wurden), haben wir ihm schließlich verziehen.

Denn wenn unser Dad so viele Bücher über die Lehren des Buddhas zusammengetragen hat, muss er ihn wohl für einen weisen Mann halten und denken, dass seine Lehren es wert sind, in die Praxis umgesetzt zu werden. Außer mit dem Meditieren anzufangen, werden wir also auch herausfinden, was der Buddha gesagt hat, und schauen, ob wir wenigstens einen Teil seiner Weisheit in unseren Alltag integrieren können.

Heute beginnt sie, unsere meditative Reise, vielleicht sogar zur Erleuchtung. Halbschwester schlägt vor, dass wir uns täglich etwas Zeit nehmen, um an ihrem Lieblingsplatz – im Bambuswäldchen hinter dem Haus – die eine oder andere Betrachtung anzustellen. Finde ich eine gute Idee. Und wer weiß? Vielleicht gehen ja auch in der Zukunft wieder einmal English Springer Spaniels dem Thema nach und stoßen dabei auf uns: in ein und demselben Satz mit *Meditation* und *Buddha*. Wünsch uns Glück – wir können es brauchen. Vielleicht aber stecken ja in uns auch schon die Legenden von morgen …

2

DAS HIER UND JETZT

Wenn man mal darüber nachdenkt, ist das Hier und Jetzt die einzige Zeit, die es überhaupt gibt. Egal wann, eigentlich ist immer jetzt.
MARIANNE WILLIAMSON

Google zufolge stellt das Hier und Jetzt – der Punkt zwischen Vergangenheit und Zukunft – das Einzige dar, was ganz ohne Zeit auskommt.

Nun soll sie also beginnen, unsere Reise zur Erleuchtung. Doch bevor wir uns anschicken, das Meditieren zu erlernen, welches ja ein wesentlicher Teil davon ist, dachten wir, es könnte nicht schaden, vorab erst noch ein paar Dinge abzuchecken.

Erstens: Was eigentlich ist dieses ominöse Hier und Jetzt? Da es gleich am Anfang so ziemlich jedes Buches übers Meditieren erwähnt wird, das Kollege Bücherschrank besitzt, scheint es uns doch von einiger Bedeutung zu sein. Um der Wahrheit die Ehre zu geben: In manchen dieser Werke wird es sogar als das Einzige bezeichnet, womit wir es aufnehmen müssen.

Da allem Anschein nach das richtige Verständnis des Hier und Jetzt von zentraler Bedeutung für unseren Erkenntnisgewinn ist, haben wir beschlossen, uns technologischer Hilfe zu bedienen, um eine zweite Meinung einzuholen – was allerdings keinerlei Kritik an den Fähigkeiten des Kollegen Bücherschrank beinhaltet.

Google zufolge stellt das Hier und Jetzt – der Punkt zwischen Vergangenheit und Zukunft – das Einzige dar, was gänzlich ohne Zeit auskommt. Oder anders ausgedrückt: die Wirklichkeit. Bei Google heißt es übrigens auch, English Springer Spaniels seien ausgeglichene, handzahme, freundliche und gesellige Hunde, die sich gut für Familien mit Kindern eignen. Darüber hinaus gelten sie dieser Quelle zufolge als **intelligent**, **geschickt**, willig, gehorsam und **sehr gelehrig**. Denk bitte an die halbfett gesetzten Wörter – vor allem an intelligent und gelehrig –, solltest du einmal das Gefühl bekommen, ein durchschnittlicher Vertreter unserer Rasse bleibe hinter den Erwartungen zurück.

Zu unserer großen Überraschung haben wir entdeckt, dass Menschen dazu neigen, das Hier und Jetzt regelmäßig auszublenden. Allem Anschein nach verlieren sie sich oft in der Vergangenheit oder grübeln über die Zukunft. Wann immer sie mit diesem Abschweifen beziehungsweise Gedanklich-Umherwandern beschäftigt sind, lassen sie sich leicht ablenken und verlieren den gegenwärtigen Moment aus den Augen. Was zur Folge hat, dass sie sich nicht mehr voll auf das konzentrieren können, was sie gerade tun.

Interessant. Das ist so, wie wenn ich im Garten am Bällchen-Fangen bin und plötzlich ans Abendessen denken muss: In dem Moment bin ich abgelenkt und der Ball trifft mich voll am Kopf. Da bin ich ganz offenbar dem Hier und Jetzt in Richtung Zukunft entwischt. Und die ganze Konzentration ist futsch gewesen.

Siehst du: Ich hab dir doch gesagt, wie gelehrig wir Spaniels sind. Allerdings muss ich hinzufügen, dass mir die Konzentration gar nicht so oft flöten geht. Das Bällchen-Fangen flutscht bei mir gewöhnlich wie von allein. Ganz anders die Menschen: Deren Geist scheint ständig auf Wanderschaft zu sein. Das wissen wir genau. Denn immer wenn wir sie auf dem Wege der Spaniel-Telepathie ansprechen, glotzen sie nur ausdruckslos und mit leerem Blick vor sich hin.

Nachdem wir kurz die Köpfe zusammengesteckt haben, sind Halbschwester und ich zu dem Ergebnis gekommen, dass wir uns dieses neue Wissen zunutze machen und vielleicht davon profitieren können, insbesondere in Sachen Futter. Sollte Moms Geist nämlich, wie es die Theorie nahelegt, auch beim Essenmachen umherschweifen, dürfte die Wahrscheinlichkeit, dass ihr der eine oder andere Leckerbissen aus der Hand fällt, sehr hoch sein – und wir bräuchten nur ein gerüttelt Maß an Geduld und Konzentration.

Nun wäre Halbschwester die Erste, die zugeben würde, dass sie nicht alle Punkte auf Googles Checkliste für den idealen Spaniel erfüllt. Geht es allerdings um die Konzentration auf Fressbares, ist sie einfach Weltklasse. Dass der Käse gleich aus dem Kühlschrank kommt, weiß sie zum Beispiel sogar schon, bevor Mom überhaupt bewusst wird, dass sie welchen braucht. Dank dieser Expertise hat sie – also Halbschwester – mir, was Fressalien betrifft, im Laufe der Jahre bereits eine Vielzahl wertvoller Tipps geben können. Etwa, dass man nach der Mahlzeit einen ordentlichen Schluck Wasser trinken sollte, um der Futterschüssel auch noch die allerletzten schmackhaften Kalorien zu entlocken. Oder dass man sich immer in der Küche aufhalten muss, wenn der Ofen piepst.

Das ganze Reden übers Fressen hat uns jetzt aber so hungrig gemacht, dass es eine gute Idee sein könnte, ins Hier und Jetzt und zur Problematik der geistigen Wanderschaft zurückzukehren.

Was alles nur noch schlimmer macht, ist der Umstand, dass sich die Menschen dieses Wanderschafts-Dingens offenbar gar nicht bewusst sind. Das läuft bei denen ganz automatisch! Was wohl auch der Grund dafür ist, dass man in diesem Zusammenhang oft von einem *Autopiloten* spricht. In unserem Ansehen sind sie deshalb um einiges gesunken – ich meine, hallo: Die Hälfte der Zeit ist bei denen niemand im Cockpit …

Ich weiß noch, dass ich einmal versehentlich das für Halbschwester vorgesehene Fressen bekommen habe. Weil sie dazu neigt, schnell Fett anzusetzen, kriegt sie anderes Futter als ich. An diesem speziellen Nachmittag aber wurde mir, wie gesagt, ihres vorgesetzt. Dabei hab ich mir damals nichts gedacht: war halt einfach ein Fehler. Nun aber, da ich so einiges über das Funktionieren des menschlichen Geistes erfahren habe, weiß ich genau, wie es dazu hat kommen können: eben aufgrund jenes Autopiloten.

Der bescheidenen Meinung von uns einfachen Spaniels nach leben die Menschen in drei Paralleluniversen. Manchmal wandern sie in der Vergangenheit umher und kramen in alten Erinnerungen. Bei anderen Gelegenheiten schweben sie in der Zukunft, träumen, planen oder machen sich Sorgen. Mitunter (allerdings besser gesagt: nur ganz selten einmal) statten sie auch dem Hier und Jetzt einen Besuch ab – also genau dem Moment, in dem sich das alles abspielt. Oder auch nicht (wie im Falle besagten falsch servierten Fressens).

Hätte Mom nur besser aufgepasst, wäre alles gut gewesen. Sowohl Halbschwester als auch ich hätten das jeweils richtige Futter bekommen und beide wären wir glücklich und zufrieden gewesen. Obwohl: Halbschwester war mit dem ihr versehentlich vorgesetzten – kalorienreicheren – Fressen durchaus glücklich und zufrieden.

Nebenbei bemerkt stellt sich nach einigen Recherchen heraus, dass es sich bei dem aus dem Computer sprechenden Mann um keinen anderen als den bereits erwähnten Jon Kabat-Zinn handelt. Was die Geschichte mit dem Autopiloten angeht, scheint der so eine Art Experte zu sein. Und er benennt auch dessen Gegenteil: die *Achtsamkeit*. Mit netten Worten erklärt er, Achtsamkeit sei »eine bestimmte Art des Aufpassens: zielgerichtet, auf den gegenwärtigen Augenblick bezogen, wertfrei«. Wir nehmen das so hin, würden aber die Spaniel-Version bevorzugen, die da lautet: »Pass auf, was du tust, und zwar sofort. Jetzt – in diesem Moment! – und besonders, wenn's um Futter geht. Für heute aber lassen wir es noch mal so durchgehen.«

Da er ein Experte auf diesem Gebiet ist und bei uns zu Hause viele seiner Bücher stehen, haben wir uns dazu entschlossen, Kabat-Zinns Rat zu folgen.

Zum Zeichen dafür, dass wir nicht nachtragend sind, werden wir uns auch nie mehr darüber beschweren, dass uns eine seiner Anweisungen doch sehr an die Erziehung von Welpen erinnert hat. Und vielleicht wagen wir uns eines Tages ja sogar auf den Weg, der nirgendwo hinführt.

DIE (FR)ESSMEDITATION

Wie wir heute herausgefunden haben, fangen Menschen, die sich in Achtsamkeit üben möchten, gleich in der ersten Woche mit einer Essmeditation an. Einer Übung, die nicht nur die Problematik des Autopiloten aufgreift, sondern auch das Beobachten von Dingen fördert. Was einen wichtigen Aspekt davon darstellt, im Hier und Jetzt zu bleiben.

Bei dieser speziellen Übung wird bevorzugt mit Rosinen, Weintrauben oder Schokolade gearbeitet. (Hallo?! All das ist für Hunde reinstes Gift. Wir könnten tot sein, bevor wir auch nur Gelegenheit hätten, die allerkleinste Kleinigkeit zu beobachten. Und im günstigsten Fall müssten wir unsere Beobachtungsgabe vom Wartezimmer einer Tierarztpraxis aus schulen.)

Nach eingehender Unterredung mit Halbschwester, die inzwischen übrigens einen Narren an der Achtsamkeitspraxis gefressen hat, haben wir beschlossen, an einer Karottenmeditation teilzunehmen. Und da wir diese gelben Rüben täglich essen, ist nicht auszuschließen, dass sich mit der Zeit eine Spur von Autopilot einschleichen mag.

Vom Kollegen Bücherschrank haben wir uns ein Buch über Achtsamkeit ausgeborgt. Und selbstverständlich gehört die Essmeditation zu den ersten Meditationsübungen, die darin empfohlen werden. Und was das Beste ist: Die Übung wird sogar im Einzelnen erklärt, Schritt für Schritt.

Zunächst kommt es wohl darauf an, die Karotte mit etwas zu betrachten, was offenbar *Anfängergeist* heißt und bedeutet, sich das Lebensmittel anzuschauen, als hätte man ein solches nie zuvor gesehen. An diesem Anfängergeist müssen wir definitiv arbeiten, denn der Kühlschrank ist momentan übervoll mit Möhrchen – und an die Unmengen, die es davon im Supermarkt gibt, möchten wir gar nicht erst denken. Da steht uns jetzt eine ganz schöne Aufgabe bevor.

Der Anleitung zufolge müssen wir als Erstes die Form zur Kenntnis nehmen. Klare Sache: Diese Karotte ist karottenförmig. Anschließend wenden wir uns der Farbe zu: orange mit ein paar Dreckflecken. Systematisch, Stück für Stück registrieren wir alles ganz genau: wie diese Karotte aussieht, wie sie sich anfühlt, riecht und wie sie in der Pfote liegt.

Zugegebenermaßen finde ich diese Übung ausgesprochen interessant. Ich hätte nie gedacht, was sich an so einer Karotte alles wahrnehmen und beobachten lässt. Wenn ich sonst eine zu mir nehme, muss ich mich immer voll darauf konzentrieren, sie so schnell wie möglich zu futtern, damit Halbschwester keine Gelegenheit hat, sie mir zu klauen und wegzufressen. Apropos: Bei ihr scheint sich die Karottenmeditation nicht ganz so gut zu entwickeln. Allem Anschein nach hat sie die Anleitung aus dem Buch völlig vergessen. Jedenfalls wiederholt sie ein ums andere Mal: »Es ist eine Karotte … es ist eine Karotte … es ist eine Karotte.« Trotz all ihres Zähneklapperns und Im-Kreis-Umhertänzelns lasse ich mich nicht davon abbringen, das Gemüse weiter zu untersuchen.

Jetzt ist es an der Zeit, das Ohr an die Möhre zu halten und herauszufinden, ob sie irgendein Geräusch von sich gibt. Ich vernehme nichts als totale Stille. Halbschwester weist jedoch darauf hin, dass durchaus etwas zu hören wäre, würden wir nur endlich unsere Zähne in die Karotten schlagen. Ich ignoriere ihren Beitrag und wende mich dem nächsten Schritt der Anleitung zu.

Nun weiß ja jeder, wie empfindlich die Nasen von uns English Springer Spaniels sind. Sollten demnach die Möhren nach irgendetwas duften oder stinken, bekommen wir das auf jeden Fall mit. Also schnuppern wir an ihnen und kommen nach gründlicher olfaktorischer Untersuchung zu dem etwas enttäuschenden Ergebnis, dass sie einfach irgendwie orange riechen.

Der nächste Teil der Übung ist etwas heikel. Um ja nichts falsch zu machen, haben wir beschlossen, die Anweisung ein zweites Mal zu lesen: »Schieben Sie sich das Objekt« – also die Karotte – »in den Mund und lassen es einen Moment einfach dort liegen. Achten Sie auf alle körperlichen Empfindungen, die sich dabei eventuell einstellen.« An diesem Punkt schüttelt meine Gefährtin bloß den Kopf. Mittlerweile ist sie schon bei ihrer vierten Möhre. Am vernünftigsten ist es jetzt wohl, sie sich selbst zu überlassen und meine Erkundungsreise allein fortzusetzen.

Während die Versuchskarotte stabil auf meiner Zunge ruht, beginne ich mich auf alle Empfindungen einzuschwingen, die sich eventuell bei mir einstellen. Aber ... na ja, also ... die alles überlagernde Empfindung, die sich gerade in mir bemerkbar macht, ist das dringende Bedürfnis, Wasser zu lassen. Was daran liegt, dass mich die volle Konzentration auf dieses Achtsamkeitsdings in den letzten Minuten davon abgehalten hat, es früher zu bemerken. Ich bin mir ziemlich sicher, dass es nicht der Theorie entspricht, aber ... na, das Pinkeln muss jedenfalls noch einen Moment warten. Also zurück zur Möhrchenmeditation.

Sobald ich mich wieder im Analysemodus eingefunden habe, fällt mir auf, wie schwer die Karotte in meinem Maul ist. Unmittelbar darauf überfällt mich ein überwältigender Drang, sie zu verzehren. Auch bemerke ich, dass mir das Wasser im Maul zusammenläuft und meine Zähne sich auf die Attacke vorbereiten. Während mein Magen rumort wie Moms Waschmaschine im Schleudergang, beschließe ich, dass ich jetzt lange genug achtsam war und es nun an der Zeit ist, zu dem Teil mit dem (Fr)Essen zu kommen.

Ein weiterer Blick in die Anleitung eröffnet mir den Vorschlag, zunächst nur einen Bissen zu nehmen und zu registrieren, was daraufhin geschieht. Also gebe ich mir größte Mühe, genau das zu tun. Halbschwester scheine ich damit durchaus zu beeindrucken. Allerdings hat sie jetzt den Überblick verloren, wie viele Karotten sie verputzt hat, und schimmert um die Schnauze herum auch schon etwas orange.

Das Knirschen, das beim Biss in die Möhre entsteht, ist unglaublich. Es erfüllt meinen ganzen Kopf und lässt mich an jeder einzelnen Körperstelle erschauern, bis hin zur Schwanzspitze. Schließlich darf ich die Möhre sehr gemächlich futtern und sie – sobald ich dazu bereit bin – Bissen für Bissen runterschlucken.

Eines muss ich zugeben: Das eben beschriebene Exemplar war die wahrscheinlich köstlichste Karotte, die ich je gefressen habe. Denn ich sag dir was: Diese Geschichte mit dem Ganzgenau-Achtgeben ist echt cool! Auf diese Weise habe ich so viele Empfindungen gehabt, derer ich mir unter normalen Umständen nie bewusst geworden wäre, dass ein Gespräch mit Halbschwester, unserem offiziellen Food-Guru, angesagt ist. Doch bevor ich dazu komme, die Übung abschließend mit ihr durchzukauen, macht sich mit einem Mal wieder ein gewisser überwältigender Drang bemerkbar. Sorry, jetzt muss ich aber wirklich mal …

Wir betrachten die Welt, als wäre sie eine riesige Möhre

Wir haben gedacht … ja, richtiggehend *nachgegrübelt* haben wir (Spaniels grübeln nämlich gern). Und das Ergebnis unseres Sinnierens lässt sich wie folgt zusammenfassen: Wenn wir uns schon in Sachen Möhren so viel haben entgehen lassen, wäre es doch nur logisch anzunehmen, dass wir in unserem täglichen Allerlei noch eine Menge anderer Dinge verpassen. Um dieser Theorie nachzugehen, begeben wir uns in den Garten und lassen ihn auf uns wirken, als wäre es das erste Mal.

Meine Familie lebt schon seit vierzehn Jahren in diesem Haus. Und da ich erst vier bin, kann ich mich an kein anderes Heim erinnern. Die Erinnerungen von Halbschwester gehen noch zwei weitere Jahre zurück, denn sie ist jetzt schon sechs. Nach all der Zeit würde man ja denken, wir wüssten genau, wie es im Garten aussieht. Nach unserer Erfahrung mit der (Fr)Essmeditation kommen uns jetzt allerdings doch beträchtliche Zweifel.

Bevor wir mit der Gartenmeditation anfangen, nehmen wir uns etwas Zeit, um unseren alten Freund Kollegen Bücherschrank zu konsultieren. Denn vielleicht gibt es ja noch etwas, was wir zur stillen Versenkung brauchen können – außer unserem *Anfängergeist*. Und tatsächlich: Anscheinend gibt es da noch eine ganze Reihe von Grundhaltungen, die wir für unser Projekt berücksichtigen müssen. So was wie *Unvoreingenommenheit*, *Geduld*, *Selbstvertrauen*, *Nichts-erzwingen-Wollen*, *Akzeptanz* und *Loslassen* nämlich. Himmel! Für all das werden wir die Schubkarre brauchen. Halbschwester hat sich freundlicherweise erboten, das *Nichts-erzwingen-Wollen* zu schultern.

Im Garten ist das Erste, was uns auffällt, ein Großaufgebot von Ameisen. Das sind witzige kleine Tierchen – schauen uns an, als wüssten sie nicht, welche Richtung sie einschlagen sollen, und als würde diese Entscheidung sie ordentlich stressen.

Halbschwester und ich studieren sie eine Weile und kommen dann zu dem Ergebnis, dass die Komponente der Achtsamkeit, die sich für die gegebene Situation am besten eignet, die Akzeptanz ist. Schließlich gehört den Ameisen der Garten ja genauso wie uns. Und wenn sie uns den Eindruck vermitteln, unglaublich geschäftig zu sein, sich dabei aber in Wirklichkeit nur ständig im Kreis bewegen – hallo?! Wie kämen ausgerechnet wir dazu, uns ein Urteil darüber zu bilden? Schließlich drehen wir uns ja auch ganz gern mal tänzelnd im Kreis.

Ich will gerade ein paar Schritte weitergehen, als fünf, sechs der kleinen Biester anfangen, über meine Krallen und mir das Bein hochzukrabbeln. Jetzt auf die Schnelle den richtigen

Punkt auf der Liste mit den Grundhaltungen der Achtsamkeit zu finden, ist extrem schwierig, weil es erstens so kitzelt und zweitens Halbschwester meint, ich solle mir das Getier schnell schnappen und runterschlucken.

Schließlich entscheiden wir uns fürs *Nichts-erzwingen-Wollen* und lassen die Ameisen einfach ihr Ding machen. Sie langweilen sich bald und nehmen ihr Sich-im-Kreis-Drehen wieder auf – demnach haben wir zusätzlich auch das *Loslassen* praktiziert und es nicht mal bemerkt.

Die nächste Stunde oder so beobachten wir achtsam alles, was uns im Garten auffällt. Wir erkunden das Gras, die Erde, Pflanzen, Bäume, Blumen und die vielen Insekten: Bienen, Wespen und Schmetterlinge. Manches scheint sich kaum zu bewegen, anderes kommt und geht in einem Wimpernschlag. Was unser Interesse jedoch am stärksten fesselt, sind die Vögel. Guckt man sie sich mal genauer an, sehen sie eigentlich reichlich merkwürdig aus. Als wären sie erst kürzlich von einem anderen Planeten auf die Erde gekommen. Woher aber stammen sie wirklich? Unsere Neugier ist geweckt. Die Erklärung von Halbschwester, sie würden dem Himmel entstammen, ist streng genommen nicht ganz falsch. Doch vertrauen wir lieber auf die Expertise von Kollege Bücherschrank, der uns freundlich erklärt:

Der aktuell herrschenden wissenschaftlichen Meinung zufolge handelt es sich bei den Vögeln um eine Gruppe von im Mesozoikum entstandenen Theropoden.

Ja, du hast richtig gelesen: Bei uns im Garten fliegen tatsächlich Dinosaurier herum. Und ohne Anfängergeist und ein bisschen Recherche seitens des Kollegen Bücherschrank wäre uns dieser *so verblüffende* Tatbestand doch wirklich und wahrhaftig verborgen geblieben.

Es sieht also ganz so aus, als würde sich die Betrachtung der Welt vom Standpunkt des Hier und Jetzt aus durchaus lohnen. Genau wie die Übernahme bestimmter Grundhaltungen der Achtsamkeit, die definitiv ebenfalls eine nähere Untersuchung wert sind.

Da diese Geisteshaltungen für Anfänger* – und gerade auch für die English Springer Spaniels unter ihnen – schwer verständlich sind, haben wir beschlossen, uns bei schönem Wetter ins Bambuswäldchen zurückzuziehen und die Erläuterungen zu jedem einzelnen noch einmal sorgfältig durchzulesen. Danach begreifen wir sie hoffentlich vollumfänglich und wissen auch genau, wie wir sie in unseren Alltag integrieren können. Im ganzen Garten ist uns das Bambuswäldchen der allerliebste Fleck. Und mit seiner friedlichen, ruhigen Atmosphäre perfekt geeignet für eingehende Reflexionen. (Mal ganz abgesehen vom gelegentlichen Besuch eines fliegenden Dinosauriers.)

---

* Die Anfangszitate im folgenden Abschnitt zu den Grundhaltungen stammen alle von Jon Kabat-Zinn und wurden von Karin Weingart übersetzt.

ANFÄNGERGEIST

Die Fülle des bewussten Im-Augenblick-Seins ist die Fülle des Lebens selbst. Viel zu oft lassen wir zu, dass uns unser »Wissen« – also unsere Gedanken und Überzeugungen – davon abhält, die Dinge zu sehen, wie sie in Wirklichkeit sind. Wir neigen dazu, das Gewohnte für selbstverständlich zu halten, und verschließen die Augen vor seiner Besonderheit. Um die Fülle des gegenwärtigen Augenblicks wahrnehmen zu können, müssen wir das herausbilden, was gemeinhin als Anfängergeist bezeichnet wird, die Bereitschaft, alles zu sehen, als wäre es das erste Mal.

Nachdem wir diese Erklärung studiert und einander im Geiste von Anfängern betrachtet haben, sind wir zu folgendem Ergebnis gelangt: Wenn wir uns »einfach so« im Garten aufhalten, besteht die Gefahr, dass wir ihn zwar intellektuell erfassen, nicht aber bewusst erleben. Und da wir schon Tausende Male bei uns hinter dem Haus waren, könnten wir diesen einen Moment jetzt verpassen – weil wir womöglich auf Autopilot geschaltet haben. Sobald wir jedoch auf jede Kleinigkeit achten, sehen wir den Garten samt allem, was sich in ihm abspielt, genau so, wie die Dinge gerade sind, momentan, in diesem Augenblick, als würden wir ihnen zum allerersten Mal begegnen.

Halbschwester, die unter karottenbedingten Kopfschmerzen leidet, hält mich, nachdem sie mich im Sinne des Anfängergeistes studiert hat, für außergewöhnlich gewöhnlich, wie sie mir mitteilt.

UNVOREINGENOMMENHEIT

Achtsamkeit beruht unter anderem auf einer Haltung der neutralen Beobachtung des eigenen Erlebens. Diese setzt voraus, dass man sich des ständigen Beurteilens von und Reagierens auf innere und äußere Erfahrungen bewusst wird, in die wir normalerweise verstrickt sind, und einen Schritt davon zurücktritt. Sobald wir anfangen, unsere geistigen Aktivitäten zu beobachten, stellen wir – mitunter überrascht – fest, dass wir das Erlebte ständig beurteilen und bewerten.

Nachdem sie das gelesen hat, hat sich Halbschwester als »neutrale Zeugin« angeboten und ist abgedampft, um sich dem konstanten Strom des Beurteilens und Reagierens in ihrem Kopf hinzugeben. Wozu offenbar auch gehört, dass sie zum Denken (oder zum Vor-sich-Hindösen, das ist schwer auseinanderzuhalten) im Bambuswäldchen hinten im Garten Platz nimmt. Ihre karottenbedingten Kopfschmerzen haben sich dadurch jedoch nicht gelegt, sodass die Erklärung des Obigen wohl oder übel an meiner Wenigkeit hängenbleibt.

Meines Erachtens erleichtert es uns die Unvoreingenommenheit, unsere Erlebnisse im Hier und Jetzt so wahrzunehmen, wie sie sind, anstatt darüber nachzudenken, ob es uns passt oder nicht oder an Vergangenes zu denken oder uns eventuelle Folgen für die Zukunft vorzustellen. Das beste Beispiel, das mir dazu einfällt, ist das Gassigehen. Ich gehe gern Gassi. Wenn es aber regnet, sagt mir mein Kopf, dass der Spaziergang bestimmt doof wird, nass, kalt und schmuddelig. Doch sobald wir dann draußen sind, ist alles ganz toll. Ich spiele mit den Wassertropfen, wälze mich im Schlamm und liefere mir später beim Saubermachen ein Scharmützelchen mit Dad, das immer irre Spaß macht. Wenn mich nicht alles täuscht, sind also die Gedanken etwas ganz anderes als die Wirklichkeit.

GEDULD

Geduld ist eine Form von Weisheit. Sie zeigt: Wir verstehen und akzeptieren, dass sich viele Dinge in ihrem eigenen Rhythmus entwickeln müssen. Mitunter versuchen Kinder, einem Schmetterling auf die Sprünge zu helfen, indem sie seinen Kokon aufbrechen. Dem Falter bekommt das in aller Regel gar nicht gut. Denn wie die Erwachsenen wissen, kann sich der Schmetterling nur in seinem eigenen Tempo entwickeln. Beschleunigen lässt sich dieser Prozess nicht.

Halbschwester und ich mögen Schmetterlinge. Die kommen uns immer so glücklich vor. Wir beobachten und jagen sie gern. Ob das nun wohl Weisheit ist, reiner Spaß an der Freude oder vielleicht beides? Wir wissen es nicht. Und was die Geduld betrifft ... nun, davon haben wir endlos viel! Ich zum Beispiel kann den ganzen Tag im Garten sitzen – einfach für den Fall, dass jemand aus dem Haus kommt und Bällchen wirft. Worauf ich im Allgemeinen nie lange warten muss.

Sobald mich aber doch einmal die Langeweile überfällt und ich mit lautstarkem Bellen Druck mache, endet das gewöhnlich damit, dass ich zur Strafe ins Haus muss. Es sieht also tatsächlich ganz so aus, als wäre es klüger, geduldig, ruhig und fokussiert zu bleiben. Halbschwester für ihren Teil kann auf ein Leckerchen (zu denen sie Karotten allerdings nicht zählt) in aller Seelenruhe bis zum Sonnenuntergang warten.

SELBSTVERTRAUEN

Ein weiterer unverzichtbarer Bestandteil des Meditationstrainings ist die Herausbildung eines grundlegenden Vertrauens in sich selbst und die eigenen Gefühle. Denn auch wenn es auf dem Weg zu Fehlern kommen kann, ist es allemal bedeutend besser, sich auf sich selbst zu verlassen, auf die eigene Intuition und Autorität, als ständig zu versuchen, sich irgendwie im Außen zu orientieren. Angenommen, etwas fühlt sich für dich nicht gut an – solltest du dieses Empfinden dann nicht ernst nehmen?

Die meisten Leute scheinen zu denken, dass Hunde ausschließlich von ihrer Nase geleitet werden – oder im Fall meiner Halbschwester: ihrem Bauch. Was vielen aber gar nicht bewusst ist: Bei Spaniels ist die Intuition auch nicht ohne!

In Kombination mit unseren bekannten nasalen Qualitäten macht die uns zu geeigneten Aspiranten für die ganzen Topjobs da draußen. So sind wir etwa in der Bergrettung beschäftigt, erschnuppern im Fluggepäck Drogen oder werden als Bombenspürhunde von der Armee angeheuert.

Bei Halbschwester machte sich die Intuition am deutlichsten bemerkbar, als sie während eines Besuches bei Grandad eine Malteser Schokokugel unter dem Kühlschrank erschnupperte. Von deren Existenz hatte Opa keine Ahnung; er erinnerte sich nicht einmal, diese Süßigkeit überhaupt je gekauft zu haben.

Und sich nach den eigenen Gefühlen zu richten, ist für uns ganz einfach: Fühlt sich etwas gut an, wedeln wir mit dem Schwanz. Anderenfalls bellen wir. Und sollte einer unserer Menschen einmal traurig sein, gibt's eine Runde Kuscheln.

NICHTS ERZWINGEN WOLLEN

Mit fast allem, was wir tun, verfolgen wir einen Zweck, wollen etwas erreichen oder irgendwo hingelangen. Beim Meditieren stellt diese Haltung aber ein echtes Hindernis dar. Und zwar weil sich die Meditation von allem anderen menschlichen Handeln unterscheidet. Zwar erfordert sie eine bestimmte Form von Arbeit und Energie, letztlich aber ist das Meditieren einfach Nicht-Tun. Und man verfolgt damit kein anderes Ziel, als man selbst zu sein. Der Witz dabei: Das sind wir doch längst.

Nachdem ich diese Erklärung gelesen habe, fürchte ich, mir auch solche Kopfschmerzen zu holen wie Halbschwester.

Jedenfalls scheint es mir angesichts der Kompliziertheit der Thematik angeraten, sich ihr Schritt für Schritt anzunähern. Was das Nichts-erzwingen-Wollen angeht, besagt der Text wohl, dass wir mit allem, was wir tun, einen Zweck verfolgen, etwas erreichen oder irgendwo hingelangen wollen. So weit kommen wir mit.

Die Feststellung allerdings, dass sich die Meditation von allem anderen menschlichen Handeln unterscheidet, mag ja für – na klar – *Menschen* hilfreich sein. Ist man allerdings zufällig ein Spaniel ... Davon abgesehen scheint das Meditieren mit viel Arbeit und Energieverbrauch einherzugehen, letztlich aber aus nichts anderem zu bestehen als aus Nichtstun.

Im Bambuswäldchen öffnet Halbschwester ein Äuglein, um mir zu signalisieren, dass sie das nur bestätigen kann.

Ein Ziel, so scheint sich herauszustellen, verfolgt das ganze Meditieren wohl aber wohl doch. Das allerdings ist für uns Spaniels pipieinfach: Wir sind schließlich immer nur wir selbst. Wer sollten wir denn auch sonst sein!

AKZEPTANZ

Akzeptanz bedeutet, die Dinge so zu betrachten, wie sie im Moment wirklich sind. Hast du Kopfschmerzen, akzeptier, dass dir der Kopf wehtut. Du hast Übergewicht? Na, warum akzeptierst du das nicht als korrekte Beschreibung deines aktuellen Körpergewichts? Über kurz oder lang müssen wir uns eh mit den Dingen arrangieren, wie sie sind, und sie akzeptieren. Akzeptanz stellt sich oft erst nach einer sehr emotionalen Phase der Leugnung und schließlich des Zorns ein. Diese aufeinanderfolgenden Phasen entsprechen dem natürlichen Fortschritt in dem Prozess, uns mit dem abzufinden, was wirklich Sache ist.

Die Person, die diesen Abschnitt über die Akzeptanz geschrieben hat, muss hellsichtig sein, telepathisch begabt oder beides. Wir wissen genau, auf wen diese Beschreibung haargenau passt. Wir müssen den Blick nur auf unser Bambuswäldchen richten. Verblüffend! Die Dinge so akzeptieren, wie sie im Hier und Jetzt sind. Ich bin schwarz-weiß, Halbschwester braun-weiß. Aber beide akzeptieren wir, dass wir English Springer Spaniels sind. Denn die Dinge sind nun einmal, wie sie sind.

LOSLASSEN

Dem Vernehmen nach gibt es in Indien eine besonders clevere Methode, Affen zu fangen. Angeblich schneiden die Jäger dafür ein Loch in eine Kokosnuss, das gerade groß genug ist, dass eine Hand des Affen hineinpasst. An der entgegengesetzten Seite bohren sie zwei kleinere Löcher, ziehen einen Draht hindurch und befestigen die Nuss an einem Baum. Dann geben sie eine Banane hinein und verstecken sich. Der Affe kommt herbei, steckt seine Hand hinein und greift nach der Banane. Damit schnappt die

Falle zu, denn das erste Loch ist zwar groß genug für seine Hand, aber zu klein, um sie mitsamt der Frucht wieder herauszuziehen. Um freizukommen, bräuchte der Affe nur seine Beute loszulassen. Das aber tun offenbar nur die wenigsten. Und trotz unserer Intelligenz hält unser Geist uns oft auf ähnliche Weise gefangen.

Deshalb ist es für die Achtsamkeitspraxis unerlässlich, eine Haltung des Loslassens beziehungsweise des Nicht-Festhaltens herauszubilden. Sobald wir anfangen, auf unser inneres Erleben zu achten, stellen wir schnell fest, dass der Geist an bestimmten Gedanken, Gefühlen und Situationen besonders festhält.

Uns gefällt diese Erklärung; sie ergibt nämlich richtig Sinn. Außer für Affen natürlich. Und was die Banane darüber denkt? Keine Ahnung. Ich persönlich sollte mit der Praxis des *Loslassens* beziehungsweise des *Nicht-Festhaltens* wohl am besten bei meiner Obsession mit Tennisbällen anfangen. An denen hänge ich schon sehr und lasse sie auch nur ausgesprochen ungern wieder los. Bei anderen, die namentlich nicht genannt werden möchten, gegenwärtig aber im Bambuswäldchen zu finden sind, würde sich zu diesem Zweck zweifellos die Fernbedienung des TV-Geräts anbieten.

Nach sorgfältiger Betrachtung der verschiedenen Grundhaltungen der Achtsamkeit sind wir übereinstimmend zu dem Ergebnis gekommen, dass regelmäßig zu meditieren eine ausgesprochen weise Entscheidung wäre. Allerdings bräuchten wir wohl ein winziges bisschen mehr Disziplin, um es auch wirklich Tag für Tag praktizieren zu können. Darüber hinaus müssten wir uns eingestehen, dass die Reise vielleicht eine klitzekleine Herausforderung darstellen könnte. Aber die gute Nachricht lautet ja glücklicherweise: Achtsamkeit ist nichts, was man sich aneignen müsste. Man muss sich einfach nur daran *erinnern*.

Als Welpen waren wir noch ziemlich achtsam, mit der Zeit aber haben wir das leider etwas schleifen lassen. Womöglich sind wir mit der entsprechenden Fähigkeit auf die Welt gekommen und im Welpentraining haben wir noch gelernt, gut aufzupassen. Mittlerweile aber stecken wir wohl doch zu oft in Gedanken an die Vergangenheit und die Zukunft fest. Ein größeres Maß an Achtsamkeit wird uns helfen, das Hier und Jetzt so wahrzunehmen, wie es wirklich ist, und nicht, wie es sein könnte. Als Bausteine unserer künftigen Praxis scheinen dabei die einzelnen Grundhaltungen der Achtsamkeit von großer Bedeutung zu sein.

Halbschwester erinnert mich daran, dass mitunter eine Berührung mit der Schwanzspitze genügt, um Bausteine zu Fall zu bringen. Man kann sie aber auch immer wieder neu zusammenbauen, sodass ein festes Fundament entsteht. Oder man kann besser auf den Schwanz aufpassen.

NACH EINGEHENDER BETRACHTUNG IM BAMBUSWÄLDCHEN

Wir sind zu dem Schluss gekommen, dass es eine Menge Übung voraussetzt, die einzelnen Grundhaltungen der Achtsamkeit zu kultivieren, insbesondere, wenn wir sie nicht nur beim Meditieren anwenden, sondern auch in den Alltag integrieren wollen.

Ein guter Anfang wäre wahrscheinlich, wenn wir nun endlich mal anfangen würden, das Meditieren zu erlernen. Das ist unser nächster Schritt. Und wenn alles gutgeht, können wir mit etwas Übung hoffentlich zu ein wenig achtsameren Spaniels werden.

Dem Kollegen Bücherschrank zufolge kann man sich mithilfe sogenannter Achtsamkeitsglocken oder ausgewählter Objekte tagsüber immer wieder an den Vorsatz zur Achtsamkeit erinnern. Wann immer du den dazu auserkorenen Klang hörst beziehungsweise das Objekt siehst, hilft es dir, dich aufs Hier und Jetzt zurückzubesinnen.

Für meine Wenigkeit, habe ich beschlossen, gibt es keine bessere Achtsamkeitsglocke als Halbschwester, auch wenn sie dafür ziemlich groß ist. Immer wenn ich sie in Zukunft sehe, werde ich mich an die Grundhaltungen der Achtsamkeit erinnern. Ich werde ihr mit Anfängergeist entgegenblicken, als sähe ich sie zum allerersten Mal. Ich werde ihr unvoreingenommen begegnen, mit endloser Geduld, nichts erzwingen wollen, auf meine Spaniel-Instinkte vertrauen und die Dinge akzeptieren, wie sie sind. Zu guter Letzt werde ich auch noch die Banane loslassen.

Und was das Hier und Jetzt betrifft, scheinen wir wohl akzeptieren zu müssen, dass der Mann aus dem Computer mit allem, was er gesagt hat, recht hat. Da es etwas anderes als ebendieses Hier und Jetzt offenbar nicht gibt, sollten wir schleunigst lernen, ihm unsere ganze Aufmerksamkeit zu schenken. Weil uns sonst nämlich alles Mögliche durch die Lappen geht.

Doch bevor wir mit unserer ersten Meditationsübung beginnen, wären wir wohl gut beraten, uns kurz an die Chefetage zu wenden und herauszufinden, was eigentlich der Buddha zu all dem gesagt hat. Dafür konsultieren wir mal wieder unseren alten Kumpel, den Kollegen Bücherschrank, seines Zeichens Hüter allen Wissens bei uns zu Hause. Er hat Bücher mit Titeln wie *Was der Buddha wirklich sagte* und *In den Worten des Buddhas,* um nur zwei zu nennen. Deren Dicke nach zu urteilen, muss der Buddha unheimlich viel gesagt haben. Hinzu kommen zahlreiche Schriften über das Meditieren und nicht zuletzt die Gratis-Vorträge über Buddhas Lehre im Buddhistischen Kloster.

Es gibt so viel zu betrachten, Unmengen zu lernen und zahllose Übungsstunden, die vor uns liegen. Vielleicht können wir dem buddhistischen Kloster eines Tages sogar einen Besuch abstatten (vorausgesetzt, wir kommen unentdeckt an dem nervigen Lhasa Apso vorbei, der die Tür bewacht).

3

WAS DER BUDDHA SAGT

*Bleib nicht in der Vergangenheit hängen,
träum nicht von der Zukunft, fokussiere deinen Geist
auf den gegenwärtigen Augenblick. Drei Dinge bleiben nie
lang verborgen: die Sonne, der Mond und die Wahrheit.
Alles, was wir sind, ist Resultat unseres Denkens.*

BUDDHA

Unsere Lebensreise scheint einem langen Lauf durch den Wald
zu ähneln. Noch weit erfüllender wird dieses Erlebnis
mit der Rechten Anschauung und der Rechten Absicht.

Bei der Suche nach Informationen ist auf Kollege Bücherschrank ja im Allgemeinen Verlass; als wir ihn jedoch um Erklärungen zu den Lehren des Buddhas baten, war seine Antwort leider alles andere als hilfreich. Würden wir alle Bücher, die er zum Thema besitze, intensiv studieren, erwiderte er nämlich, könnten wir vielleicht eine leise Ahnung von der Essenz der Lehren Buddhas bekommen.

Wir können nur vermuten, dass ihn die schiere Menge der Texte überwältigt hat – oder er am Morgen einfach mit dem falschen Fuß aufgestanden ist (so sich das von einem Bücherschrank sagen lässt).

Halbschwester meint, er sei heute nicht recht bei sich und verhalte sich, als hätte er nicht mehr alle Bände auf dem Brett. Also haben wir beschlossen, diplomatisch vorzugehen und für den Moment auf Auslassungen des Bücherschranks zu verzichten. Allerdings dürfen wir uns glücklich schätzen, in einem Buch über den Buddha, das uns zufällig vor die Pfoten gefallen ist, auf die folgende Aussage gestoßen zu sein, die uns inspiriert und motiviert, unsere Reise zu beginnen:

Der Buddhismus behauptet die Einheit aller Lebewesen. Sie alle besitzen die Buddha-Natur und verfügen über das Potenzial, zum Buddha zu werden, das heißt: vollständig und vollkommen erleuchtet. Unter den fühlenden Wesen gibt es keine Bürger oder Bürgerinnen zweiter Klasse. Der buddhistischen Lehre zufolge haben die Menschen keinen privilegierten, besonderen Status oberhalb und jenseits des übrigen Lebens. Die Welt wurde keineswegs speziell zum Wohle und Vergnügen der Menschen erschaffen. Hinzu kommt: Nur unter bestimmten Umständen und entsprechend ihrem Karma können Menschen als Menschen wiedergeboren werden. Jedoch können auch Tiere als Menschen wiedergeboren werden.

Ja, du hast richtig gelesen. Tiere – und das schließt English Springer Spaniels selbstverständlich ein – können als Menschen wiedergeboren werden. Nachdem wir diesen Satz mehrere Male gelesen haben, sehen wir uns zu dem Geständnis gezwungen, dass wir uns ein bisschen haben hinreißen lassen. Denn bei der Überlegung, als welche Personen wir gern zurückkommen würden, ist die Fantasie etwas mit uns durchgegangen. Doch nach reiflicher Überlegung sind wir schließlich zu dem Ergebnis gelangt, dass wir auch nichts dagegen hätten, als English Springer Spaniels wiedergeboren zu werden – vorausgesetzt, wir hätten vergleichbare Halter und einen gleich großen Garten wie aktuell – und wir kämen im Doppelpack.

Sollte uns jedoch tatsächlich das Upgrade zu einer menschlichen Existenz verpasst werden (obwohl der Begriff »Upgrade« in diesem Zusammenhang durchaus fragwürdig ist), wäre ich gern ein Tennisstar mit unerschöpflichem Vorrat an Tennisbällen. Zu Ruhm könnte ich es dadurch bringen, dass ich während der Pausen das Gelbe von den Bällen abknabbere.

Halbschwester, die sich auch lang und breit mit dieser Frage auseinandergesetzt hat, ist schließlich zu dem Reinkarnationswunsch Psychiaterin oder Fernsehtechnikerin gelangt, sollte sie denn als Mensch wiedergeboren werden. Was immer das zu bedeuten hat.

Natürlich hängt alles davon ab, ob man in dieser Frage überhaupt eine Wahl hat – vielleicht muss man ja auch einfach nehmen, was kommt. Oder aber es hängt doch alles vom *Karma* ab (was auch immer das sein mag).

Darüber, was der Buddha gesagt hat, wird viel gesprochen. Und wenn man dazu noch in Betracht zieht, dass er das alles vor Jahrtausenden geäußert hat, weiß man wirklich kaum, wo man anfangen soll.

In unserem Buch über den Erleuchteten heißt es, seine Lehren wären zunächst mündlich weitergegeben worden. Aus dem Gedächtnis. Von seinen Anhängern. Aber Hand aufs Herz: Im Kopf zu behalten, gab's da ziemlich viel, und wenn wir mal ehrlich sind, wissen wir alle, dass es bei überlieferten Geschichten schon gern einmal zu Übertreibungen kommt.

Bestes Beispiel dafür sind meine Urlaubserlebnisse vor ein paar Jahren. Der Inhaber des Bauernhofs, auf dem wir logierten, meinte, angesichts der Mauer, die viel zu hoch für mich sei, wäre ich im Garten gut aufgehoben. Nachdem ich sie überwunden und all seine Hühner zusammengetrieben hatte, zog er diese Behauptung zurück. Im Laufe der Jahre, in denen diese Geschichte mündlich weitergegeben wurde, hat besagte Mauer zunehmend an Höhe gewonnen. Und zu den Hühnern haben sich mittlerweile Enten und Puten gesellt. Wäre ich in der Lage, die neue Version des Hindernisses zu bezwingen, hätten sie längst in der Tagesschau über mich berichtet.

Da aber der Buddha zum Glück an alle Eventualitäten gedacht hat, hat er uns auch eine Menge praktische Grundsätze und Praktiken hinterlassen, an die wir uns halten können. Und wie jeder Halter von English Springer Spaniels weiß, sind wir für ein bisschen Training und Hinzulernen immer gern zu haben.

Interessant ist, dass der Buddha zwar ein Prinz war, aber auch ein ganz gewöhnlicher Mensch. Und dieser hat ganz aus sich selbst heraus ein vollkommen neues Verständnis des Universums entwickelt. Danach war er noch so nett, seine Erkenntnisse mit allen zu teilen, die sich dafür interessierten. So kam es schließlich zum Buddhismus und den Buddhisten. Wobei sich Kollege Bücherschrank beeilt zu erklären, dass der Buddhismus keine Religion sei, sondern eher eine Philosophie.

Halbschwester hat in der Zwischenzeit die Frage untersucht, wo wir English Springer Spaniels eigentlich herkommen, und einige interessante Fakten aufgedeckt. Unter anderem ist sie auf eine Erwähnung aus dem Jahr 17 unserer Zeitrechnung gestoßen. Allem Anschein nach stammen wir aus Hispanien, wie die Iberische Halbinsel in der Antike genannt wurde. Und nach Großbritannien haben uns wohl die Römer mitgenommen. Außerdem informiert mich meine Gefährtin darüber, dass wir ursprünglich von einem renommierten Züchter für English Springer Spaniels im Lake District kommen. Und sie selber kommt gerade aus der Küche.

Was wir inzwischen über das Leben des Buddhas gelesen haben, hat unsere Neugier geweckt. Wie wir wissen, hatte er eine Frau und einen Sohn. Dabei lautet die große Frage doch: Hatte er auch einen Hund? Und wenn ja, was für einen? Als Prinz konnte er sich wahrscheinlich einen mit Stammbaum leisten, musste also bestimmt auf keine zweifelhafte Promenadenmischung mit siebzig Prozent hiervon und dreißig davon zurückgreifen. Natürlich hätte seine Wahl auch davon abgehangen, welche Züchter es in seiner Gegend gab und was für Tölen er im örtlichen Tierschutz finden konnte. Aufgrund unserer Intelligenz, Lernfähigkeit und Nähe zur Monarchie dürften English Springer Spaniels auf seiner Wunschliste allerdings ganz oben gestanden haben.

Nachdem sowohl Fürstin Gracia Patricia von Monaco als auch Kronprinzessin Mary von Dänemark einen von uns besaßen, fragen wir uns: War es vielleicht der Buddha, der diesen Trend ausgelöst hat?

Auf der Suche nach Erleuchtung die Familie hinter sich zu lassen, muss ihm schon schwergefallen sein. Aber die allerwichtigste Frage ist doch: Hat er seinen Hund mitgenommen? Da wir die Antwort wahrscheinlich nie erfahren werden, beschränken wir uns notgedrungen auf die Vorstellung, dass der Buddha mit einem English Springer Spaniel an seiner Seite aufbrach, der die Nase am Boden hatte und dessen Ohren sanft im Wind flatterten. Halbschwester meint, der letzte Satz falle unter »künstlerische Freiheit«.

Eines muss man wohl sagen: Nach seiner Erleuchtung hat der Buddha offenbar alles darangesetzt, auch anderen diese

Erfahrung zuteilwerden zu lassen. Zum Glück hat er die von ihm angewandte Methode in seinen Lehrreden detailliert beschrieben. Und wenn wir uns nun die Zeit nehmen, seinen Vorgaben und Praktiken zu folgen, haben auch wir jede Chance der Welt, den höchstmöglichen Bewusstseinszustand zu erreichen. Halbschwester meint zwar, der könnte neben verstaubten Tennisbällen und Wollmäusen unter dem Sofa zu finden sein, ist aber gern bereit, sich eines Besseren belehren zu lassen.

Soweit wir bisher feststellen konnten, halten Buddhisten das Leben für einen Kreislauf aus Geburt, Tod und Wiedergeburt. Was auf English-Springer-Spanielisch so viel heißt wie: Hallihallo, tschüss und da bin ich wieder.

Allerdings muss man mit allem, was man tut, sehr vorsichtig sein, und zwar im Hier und Jetzt, aber auch im Hinblick auf die Vergangenheit. Denn davon hängt ab, als was du beim nächsten Durchgang wiederkommst und wie dein Leben verlaufen wird. Mit anderen Worten: Von einer dreibeinigen blinden Katze mit halbem Schwanz bis hin zum Besitzer einer Hundefutterfabrik ist da alles drin. Darin kommt die ganze Macht dessen zum Ausdruck, was der Buddha als Karma bezeichnet. Behältst du das bei allem, was du tust, im Kopf, entsteht daraus ganz wie von selbst ein innerer moralischer Kompass, an dem du dein Leben ausrichten kannst.

Als Erstes haben wir herausgefunden, dass der Buddha großen Wert auf eine Lehre legte, die er die *Vier Edlen Wahrheiten* genannt hat. Damit wollte er den Menschen das wahre Wesen der Wirklichkeit nahebringen. Wer diese Wahrheiten begreift und sich zu ihnen bekennt, kann sich für einen Pfad entscheiden, der auf direktem Weg zur Erleuchtung führt.

Vor zweieinhalbtausend Jahren sagte der Buddha: »Ich lehre die Edlen Wahrheiten über das Leiden, seine Ursache, seine Beendigung und den Pfad der Praxis. Das ist alles. Mehr lehre ich nicht.«

Halbschwester hält das für eine ziemliche Untertreibung. Ein bisschen so, als würde man sagen: Ja, gut, ich hab die Crufts gewonnen. Eigentlich aber bin ich nur ein paar Schritte im Kreis herumgelaufen.

Was aber auf alle Fälle stimmt, ist, dass die *Vier Edlen Wahrheiten* die Essenz von Buddhas Lehren enthalten und dass er sich ihrer beim Meditieren unter einer Pappelfeige, dem sogenannten Bodhi-Baum, im indischen Bodhgaya bewusst wurde. Was mich ein bisschen an unsere Betrachtungen im Bambuswäldchen erinnert. Da hat Halbschwester also offenbar mal eine gute Idee gehabt.

Wir sind der Meinung, dass man den Buddha beinahe mit einer Tierärztin vergleichen könnte. Nur ohne die Spritzen und den ganzen anderen Kram. (Was da in der Praxis so alles geschieht, willst du gar nicht wissen. Das darfst du mir ruhig glauben.) Dass wir diesen Vergleich mit der Veterinärmedizin anstellen, liegt daran, dass der Buddha in der ersten Edlen Wahrheit das Problem diagnostiziert – das Leiden – und in der zweiten die Ursache dafür benennt. In der dritten Edlen Wahrheit gibt er zu verstehen, dass Heilung möglich ist. In der vierten schließlich spricht er andeutungsweise vom *Achtfachen Pfad*, also quasi dem Rezept, der Beendigung des

Leidens. Halbschwester hat sich das alles gründlich durch den Kopf gehen lassen und vergleicht es mit den vier Wegen im Wald hier bei uns, die in Gelb, Grün, Blau und Rot ausgeschildert sind.

Im Vergleich zu den Ausführungen des Buddhas scheinen unsere Waldwege jedoch genau andersrum zu funktionieren: Der gelbe ist ein Kinderspiel – ein leichter Waldspaziergang. Der grüne Weg ist zwar auch noch recht einfach, hat aber durch das Auf und Ab der hügeligen Landschaft einen gewissen Hechelfaktor. Der blaue zieht sich ewig hin, sodass man unterwegs das eine oder andere Päuschen einlegen sollte, und der rote schließlich hört überhaupt nicht mehr auf – man verirrt sich im Wald und muss sich vor lauter Erschöpfung hinlegen (= Leiden).

Aber egal. Machen wir mit der Frage weiter, was es denn wohl mit dem *Edlen Achtfachen Pfad* auf sich hat. Worum geht es dabei und wie können wir ihn beschreiben? Sowohl Dads Büchern als auch dem Internet haben wir entnommen, dass auf diesem Pfad offenbar alles mit »recht« anfängt. Halbschwester hat das ein bisschen verwirrt, denn sie meint, wenn wir immer nur nach rechts gingen, müssten wir uns auf dem Rückweg zwangsläufig irgendwann wieder selbst begegnen. Vielleicht ist sie damit ja etwas auf der Spur … aber so recht überzeugt scheint sie selbst noch nicht. Etwas gibt es jedoch, dem sie ihr Gütesiegel verliehen hat – und zwar die Beharrlichkeit, mit der der Buddha darauf besteht, dass seine Lehren kein Dogma darstellen und besser hinterfragt als umstandslos für unumstößliche Wahrheiten gehalten werden sollten. Und obwohl meine Gefährtin nicht genau weiß, was das alles eigentlich soll, findet sie es doch nett, dass es hier erwähnt wird.

Da schönes Wetter ist, haben wir beschlossen, alles, was wir bislang zusammengetragen haben, mit ins Bambuswäldchen zu nehmen und uns eine ordentliche Portion Rechtes Nachdenken zu gönnen.

Der erste Schritt auf dem Achtfachen Pfad scheint die **Rechte Anschauung** zu sein, die in einigen Büchern auch als **Rechte Einsicht** bezeichnet wird. Doch unabhängig von der Bezeichnung ist dieser erste Schritt zweifellos von großer Bedeutung – geht es hier doch darum, die Welt mit allem Drum und Dran so zu sehen, wie sie wirklich ist, und nicht so, wie wir es vermuten oder uns wünschen.

Nachdem wir uns eine Weile im Kreis gedreht haben, was für Springer Spaniels nie verkehrt ist, sind wir schließlich zu dem Ergebnis gekommen, dass das Ganze einem Spaziergang in einem unbekannten Wald ähnelt. Bei Ausflügen dieser Art konsultieren wir jedes Mal die Hinweistafeln. Darauf finden sich meistens eine Umgebungskarte, Wegbeschreibungen nebst Wanderzeitangaben. Letztere müssen von einem Mann mit extrem langen Beinen erstellt worden sein. Denn wir brauchen immer viel länger, als auf der Tafel steht.

Vor Beginn jeder Reise sollte man sich unbedingt alle dafür wichtigen Informationen besorgen. Das aber stellt lediglich die Vorbereitung dar – und ist beileibe nicht die Reise selbst. Hast du dann alle Infos intus, fürchtest du vielleicht, dir zu viel vorgenommen zu haben, oder vergleichst die vor dir liegende Wegstrecke mit anderen. Wie aber alles in Wirklichkeit beschaffen ist, erfahren wir erst auf der Reise selbst. Oder anders ausgedrückt: mit *Rechter Anschauung*.

Nach all den Überlegungen haben wir beschlossen, vor Schritt zwei erst noch ein Nickerchen zu machen.

Nach dem Aufwachen erzählt mir Halbschwester, sie habe geträumt, Buddhas Hündin zu sein und Rechte Nervensäge zu heißen. Das finde ich interessant, denn im Laufe der Zeit habe ich schon oft gehört, dass sie so genannt wurde.

Der zweite Schritt auf dem Achtfachen Pfad ist die **Rechte Absicht**. Damit nehmen wir uns die Reise vor und verpflichten uns darauf, sie mit Leidenschaft und Beharrlichkeit durchzuziehen. Zur *Rechten Absicht* gehört die Erkenntnis, dass alle Lebensformen gleich sind und unser Mitgefühl deshalb jeder einzelnen gelten muss. Dabei ist es wichtig, dass du dieses Mitgefühl auch dir selbst angedeihen lässt. Was im Grunde wohl sogar der allerbeste Ausgangspunkt ist.

Aus dem Augenwinkel sehe ich, dass das Gesicht von Halbschwester zu einem einzigen Stirnrunzeln geworden ist. Welches daher rührt, dass sie sich fragt, ob der Buddha bei seinem Statement über die Gleichheit aller Lebewesen wohl auch an Katzen gedacht hat. Wenn ja, liegt noch eine Menge Arbeit vor ihr. Was das betrifft, hat Buddhas Hund Rechte Nervensäge hierbei wohl kaum Einfluss genommen.

Denken wir noch einmal an unsere Theorie vom Spaziergang in einem unbekannten Wald zurück, kommen wir zu dem Ergebnis, dass wir das Gelände kennen und uns jedes Problems bewusst sein müssen, das unterwegs auftreten könnte. Außerdem benötigen wir die richtige Ausstattung für den Trip und müssen auch an alle anderen denken, denen wir möglicherweise auf dem Weg begegnen. Das ist im Grunde genau wie bei der *Rechten Anschauung* beziehungsweise *Einsicht*.

Ohne Leidenschaft für die Reise – also ohne die rechte Intention – kommen wir allerdings nicht ans Ziel. Unsere Lebensreise scheint einem langen Lauf durch den Wald zu ähneln. Noch weit erfüllender wird dieses Erlebnis mit der *Rechten Anschauung* und der *Rechten Absicht*.

Schritt drei. **Rechte Rede** (freundliches und angemessenes Bellen). Dem Buddha zufolge neigen wir dazu, die Macht der Sprache zu unterschätzen, und müssen vorschnell Geäußertes dann häufig bereuen. Wir alle kennen die Enttäuschung, die wir erleben, wenn wir – ob zu Recht oder zu Unrecht – einen Rüffel erteilt bekommen, genauso wie das gute Gefühl, das sich einstellt, sobald wir gelobt werden. Wir machen beide Erfahrungen regelmäßig, wenn wir im strömenden Regen und auf matschigem Boden im Garten toben. Dabei haben wir einen Riesenspaß – und als English Springer Spaniels sind wir dafür ja auch bekannt.

Kommen wir anschließend in die Küche geschlittert, um zu demonstrieren, dass wir wieder einmal stolz die glorreiche Tradition unserer Rasse vertreten haben, werden wir für den Zustand, in dem wir uns befinden, ausgeschimpft. Und gleich dazu für die Renovierungsarbeiten am Fußboden, die wir in die Wege geleitet haben. Doch schon im nächsten Augenblick fahren wir großes Lob dafür ein, dass wir beim Abbrausen so schön stillhalten. Das nenn ich mal verwirrendes Verhalten seitens unserer Menschen.

Was das chaotisch reaktive Kommunizieren angeht, sind *wir* allerdings auch nicht von schlechten Eltern. Im Hinblick darauf ist meine Schwachstelle das Bellen hinten im Garten, wenn partout niemand rauskommt und Bällchen wirft. Dabei spielen sie durchaus mit mir – nur eben nicht, wenn ich belle. Was bei mir inzwischen, glaube ich, zu einer reinen Angewohnheit geworden ist. Und zwar einer ziemlich kontraproduktiven.

Halbschwester dagegen bellt, wenn sie ihr Futter einfordert. Und selbst wenn das in dem Moment schon in Arbeit ist, geht es ihr nie schnell genug. Doch je mehr sie bellt, desto länger muss sie warten.

Beide Beispiele aber verblassen zur Bedeutungslosigkeit gegenüber den spielerischen Kämpfen, die wir uns im Wohnzimmer liefern, wenn die anderen ferngucken wollen. Weil die vor lauter Knurren und Toben auf dem Boden eh nichts mehr hören können, stellen sie das Gerät dann kurz stumm oder aus (vorausgesetzt, sie haben die Möglichkeit dazu – Halbschwester kann nämlich durchaus beides auf einmal: einen Schaukampf aufführen und die Fernbedienung klauen).

Eines Tages kapieren sie hoffentlich noch, dass es bei dem ganzen Theater ausschließlich darum geht, ihre Aufmerksamkeit zu erregen und sie zum Mitspielen zu animieren. Das Ferngucken tut ihnen ja eh nicht gut, es sei denn, es handelt sich um Tierfilme, Fußball oder Tennis. Aber ich glaube, wir sind ein wenig abgeschweift ...

Zusammenfassend kann man also sagen: *Rechte Rede* bedeutet, die Wahrheit zu sagen und sich der Folgen der eigenen – harschen – Äußerungen bewusst zu sein. Halbschwester meint dazu: Wenn einem nichts Nettes einfiele, was man jemandem sagen könne, sollte man am besten ganz das Schnäuzchen halten. Ihren eigenen Rat zu befolgen, ist sie gern bereit, weigert sich aber zu kapieren, dass Rechte Rede auch sinnloses Bellen und das Streuen von Gerüchten über die Nachbarskatze beinhaltet.

Der vierte Schritt im Ensemble des Edlen Achtfachen Pfades, **Rechtes Handeln**, fordert zu einer anständigen, ethisch vertretbaren Lebensführung auf, die auch andere Lebewesen und unsere Erde miteinbezieht. Dazu gehört auch, sich an Vereinbarungen zu halten und sich nichts zu nehmen, was einem nicht gehört.

Halbschwesters Angewohnheit, der Postzustellerin Hundekekse aus der Tasche zu klauen, fällt definitiv in diese Kategorie. Dasselbe gilt für die *Fünf sittlichen Gebote*, die der Buddha aufgestellt hat: nicht töten, nicht stehlen, nicht lügen, kein sexuelles Fehlverhalten, kein Konsum von Drogen oder anderen Rauschmitteln.

Fernsehberichten nach, die wir gesehen haben, scheinen die Menschen oft ihre Arbeit auszuklammern, wenn es um eine anständige Lebensführung geht. Dabei würden sie gut daran tun, auf den Buddha zu hören.

Der nächste Punkt gefällt uns am besten und wir möchten jeden auffordern, ihn zu beachten: *Rechtes Handeln* beinhaltet nämlich auch den heilsamen Umgang mit der Natur und bedeutet nichts weniger, als dass alles getan werden sollte, um die Welt zum Wohle künftiger Generationen – auch Hundewelpen – vor jedem Schaden zu schützen.

Sollten deine Arbeit beziehungsweise die Dinge, mit denen du den Tag verbringst, das Leben nicht respektieren, wirst du auf dem *Edlen Achtfachen Pfad* kaum nennenswerte Fortschritte machen können. Aus diesem Grund hat der Buddha den fünften Schritt hinzugefügt: **Rechter Lebensunterhalt**. Er sagte ja, dass alle Lebewesen gleich sind; und das sollte sich auch in deinem Tagesablauf widerspiegeln. Bestimmte Arbeiten hat der Buddha deshalb nicht empfohlen, insbesondere den Handel mit Drogen, anderen Rauschmitteln oder Waffen. *Rechter Lebensunterhalt* bezieht sich auch auf jede Form kommunaler oder sozialer Arbeit. Die wird auf dem Edlen Achtfachen Pfad als ausgesprochen nutzbringend betrachtet. Ganz Tapferen empfehlen Halbschwester und ich ein Engagement in der Rettung von English Springer Spaniels. Was für manche allerdings eindeutig übertrieben sein dürfte.

Der sechste Schritt auf dem Pfad könnte ganz speziell für uns Springer Spaniels hinzugefügt worden sein. Er heißt **Rechtes Streben** und steht dafür, Enthusiasmus und eine positive Einstellung auf ausgewogene Weise herauszubilden und zu pflegen. Dafür, weder allzu angespannt und ungeduldig noch übermäßig schlaff oder locker-flockig, sondern gleichbleibend fröhlich und entschieden zu sein. *Rechtes Streben* bedeutet mit anderen Worten, Buddhas Lehren sowohl in der Meditationspraxis als auch im Alltag zu beherzigen. Behältst du all das im Kopf und gibst dann »English Springer Spaniel« in eine Suchmaschine ein, dürftest du auf folgenden Eintrag stoßen:

English Springer Spaniels sind glückliche, lächelnde Hunde mit großer Lebensfreude. Ihr Charakter ist ausgeglichen, fröhlich und entschieden.

Bingo. Der Buddha hätte also durchaus über uns English Springer Spaniels sprechen können. Halbschwester fürchtet allerdings, die Möglichkeit, Rechte Nervensäge könne der Hund des Buddhas gewesen sein, habe sich damit erledigt.

Wie wir vom Kollegen Bücherschrank wissen, sind die Läden heutzutage voll mit Schriften über positives Denken. Mit seinen Gedanken über die Macht der rechten Einstellung war der Buddha seiner Zeit also meilenweit voraus. *Rechtes Streben*, positives Denken, gefolgt von zielorientiertem Handeln.

Okay, sitz! Zwei haben wir noch. Während der letzte Schritt noch relativ easy zu sein schien, ist der nächste einigermaßen knifflig. Weil er voraussetzt, dass du dein Denken veränderst. Er heißt **Rechte Achtsamkeit** und bedeutet, sich des Augenblicks bewusst und voll in ihm präsent zu sein.

Da muss ich an unsere Autofahrten denken – bei denen wir auf Geräusche lauschen, sehen, wie die Bäume vor dem Fenster vorbeirasen, uns auf den Rhythmus des Fahrens einlassen und Gedanken nachhängen. Letztere drehen sich gewöhnlich darum, wo wir wohl hinfahren, wann wir ankommen und wieder zurückfahren. Die stellen sich oft schon ein, bevor wir auch nur die Auffahrt vor dem Haus verlassen haben. Und manchmal sogar schon, ehe wir überhaupt im Auto sitzen.

So wie wir das verstanden haben, geht es bei der *Rechten Achtsamkeit* um das Bemühen, jeden Moment der Reise bewusst wahrzunehmen, statt den Geist wild umherschweifen zu lassen, dabei klar und aufmerksam in der Gegenwart zu sein und uns weder in der Vergangenheit zu verlieren noch in der Zukunft.

Im Zustand der vollen Bewusstheit können wir überkommenen Denkmustern, Gewohnheiten, Zukunftsängsten und alten Schuldgefühlen auf die Spur kommen. Für Halbschwester hört sich dieses Achtsamsein an, wie voll in das vertieft zu sein, was man gerade tut, sagt sie, und zwar auch gedanklich. So wie beim Fressen oder – in meinem Fall – dem genüsslichen Abziehen der an Hundekuchen erinnernden gelben Streifen auf dem Tennisball.

Vom Buddha nun können wir lernen, diese Art Aufmerksamkeit auch im täglichen Einerlei an den Tag zu legen.

Und damit wären wir auch schon beim letzten Schritt auf dem *Edlen Achtfachen Pfad*, der **Rechten Konzentration** oder auch **Versenkung**. Beim Meditieren hilft die *Rechte Konzentration*, sich auf ein bestimmtes Objekt zu fokussieren – wahlweise auf Atmung, Körper, Geräusche, Gedanken, Empfindungen oder Gefühle. Genauso gut können wir uns aber auch auf eine Blume konzentrieren, auf eine Kerze oder sogar die Güte.

Die beiden letzten Elemente des *Edlen Achtfachen Pfades* sind insofern wichtig, als dass sie uns helfen, die Dinge zu sehen, wie sie wirklich sind, und nicht, wie sie sein könnten. *Rechte Achtsamkeit* und *Rechte Konzentration* öffnen die Tür zur Wirklichkeit sperrangelweit.

NACH EINGEHENDER BETRACHTUNG IM BAMBUSWÄLDCHEN

Es ist genauso, wie wir es uns vorgestellt haben: Der Buddha hat mordsviel zu sagen, eine Menge richtig Kluges, für English Springer Spaniels aber vielleicht sogar etwas *zu* viel. Momentan jedenfalls verstehen wir noch nicht alles. Aber das ändert sich unter Umständen, nachdem wir der Reinkarnationstheorie gemäß eine Vielzahl von Leben gelebt und diese zum Üben genutzt haben.

Nach dem Studium der *Vier Edlen Wahrheiten* und des *Edlen Achtfachen Pfades* haben wir beschlossen, uns auf sie zu konzentrieren und dabei unser Bestes zu geben. Alle Fragen oder Themen, die darüber hinausgehen, leiten wir an den Kollegen Bücherschrank weiter, der jetzt schon begonnen hat, sich im Licht seiner neuen Verantwortung zu sonnen.

Halbschwester fühlt sich von dem Gedanken ermutigt, sie könne eventuell eine Nachfahrin von Rechter Nervensäge sein, dem Hund des Buddhas, und glaubt deshalb, auf dem Weg zur Erleuchtung einen ordentlichen Vorsprung zu haben. Ob da was dran ist, kann nur die Zukunft zeigen.

Das bisherige Studium der Lehren des Buddhas nährt in uns die Vermutung, unser Planet wäre womöglich ein besserer Ort und jede oder jeder Einzelne von uns könnte viel glücklicher sein, würden sich nur alle an seine Empfehlungen halten.

Inspiriert fühlen wir uns von folgendem Zitat Mahatma Gandhis, auf das wir in einem Buch gestoßen sind: »Sei du

selbst die Veränderung, die du dir wünschst für diese Welt.«
Was das angeht, werden wir Rechter Nervensäge zu Ehren unser Bestes geben.

Recht so. Aber wie geht das denn nun – meditieren?

4

GANZ NEU SITZEN LERNEN – MEDITATION

Wer Zeit hat zu atmen, hat auch Zeit zu meditieren.
Du atmest beim Gehen. Im Stehen. Und auch, wenn du liegst.

AJAHN AMARO

Halbschwester dagegen hat sich entschieden, in einer Ecke des Büros eine alles andere als würdevolle Körperhaltung einzunehmen.

ACHTSAMKEIT UND ATMUNG

Nachdem wir die nötigen Recherchen angestellt und einige von Dads CDs aus ihren Hüllen befreit haben, sind wir jetzt bereit, die Meditationspraxis aufzunehmen.

Da er heute zur Arbeit gegangen ist, haben wir die Gelegenheit genutzt und uns in sein Büro gestohlen. Abgesehen davon, dass es das ruhigste Zimmer im ganzen Haus ist, glauben wir, dass uns die meditative Energie guttun würde, die sich im Laufe der Zeit darin angesammelt hat. Jetzt sieht es allerdings ganz so aus, als würde ich allein auf diese Reise gehen, denn wie Halbschwester mich hat wissen lassen, wird sie mich nur moralisch unterstützen und höchstens Pfote anlegen, sollte ich einmal kurz einschlummern.

Sowohl »Sitz machen« als auch »Aufpassen« haben wir schon in der Welpenschule gelernt. Was beides Fähigkeiten sind, die uns bestimmt auch beim Meditieren dienlich sein können. Diesbezüglich habe ich übrigens das Gefühl, meiner Halbschwester gegenüber im Vorteil zu sein, auch wenn Aufpassen noch nie zu meinen Stärken gehört hat, sondern eher ihr Terrain ist.

Das Erste, was seinen Weg in meine Schlappohren findet, ist die Anweisung, eine würdevolle Körperhaltung anzunehmen. Da sich die CDs allerdings an Menschen richten, nehme ich mir die Freiheit, die Vorgaben leicht zu verändern und sie auf English Springer Spaniels (und andere Hunde) abzustimmen. Was also die würdevolle Körperhaltung betrifft, soll ich zunächst alle vier Pfoten fest auf dem Boden aufsetzen. Das soll einem ein Gefühl der Erdung geben und befördert mich auf der Stelle ins Hier und Jetzt. Die sanfte Stimme, die aus dem CD-Player dringt, fährt in gemächlichem Tempo fort. Mein Rücken sei vorzugsweise gerade, werde ich informiert, aber trotzdem entspannt.

Um diesem »aber trotzdem entspannt« entsprechen zu können, beschließe ich, mein Riechorgan zu neutralisieren und die Ohren locker an beiden Seiten des Gesichts runterhängen zu lassen. Genial.

Halbschwester dagegen hat sich entschieden, in einer Ecke des Büros eine alles andere als würdevolle Körperhaltung einzunehmen. Das heißt, sie reckt alle vier Pfoten in die Höhe. Ihr Bauch (und mit ihm alles andere) zeigt dabei in Richtung Zimmerdecke, eines ihrer Beine zuckt. Und als wäre das nicht schon schlimm genug, schnarcht sie auch noch volle Kanne und stößt ein gelegentliches Stöhnen aus. Das nur zum Thema moralische Unterstützung und Pfote anlegen, sollte ich beim Meditieren einmal in Gefahr geraten, dem Schlaf anheimzufallen. Aber so ist es eben: Seine Freunde kann man sich aussuchen, nicht aber die Verwandtschaft.

Jetzt schließe ich sanft die Augen und richte das Gewahrsein auf die Empfindungen in meinem Körper. Dabei fange ich mit den Pfoten an und registriere, wie sich ihre Berührung mit dem Boden anfühlt.

Nach einer Weile werde ich aufgefordert, meine Achtsamkeit auf die Empfindungen an der Stelle zu lenken, an der mein Leib mit der Erde in Berührung kommt. Wie ich zugeben muss, hört sich das für mich ein bisschen komisch an.

Und auch irgendwie gefährlich, wenn ich ganz ehrlich bin. Dass Halbschwester beschlossen hat, diese Meditation auszulassen, könnte sich also durchaus noch als Glück im Unglück erweisen. Da ich auf dem Gebiet der Meditation allerdings absoluter Neuling bin, steht mir Meckern wohl nicht zu. Also achte ich streng nach Vorschrift auf alle Empfindungen an der Stelle, auf der ich sitze – meinem Hintern.

Da die Geschichte mit dem »Erden« offenbar ein wichtiger Bestandteil der ganzen Übung ist, wird empfohlen, sich damit genügend Zeit zu lassen. Und genau das tue ich dann auch. Das ist alles ziemlich interessant. Denn ich spüre nicht nur, wie mein Fell und meine Pfoten mit dem Boden in Kontakt sind, sondern kann auch die Luft und den gesamten freien Raum um mich herum wahrnehmen. Nach einer Weile fühle ich mich angekommen und werde ganz ruhig.

Bedauerlicherweise wird dieser Moment zufriedenen Spaniel-Glücks aber gleich von der nächsten Anweisung wieder zerstört. Diese besteht darin, die Aufmerksamkeit zum Bauch zu lenken und zu spüren, wie er sich beim Einatmen ausdehnt und beim Ausatmen wieder leicht einfällt.

In der vagen Hoffnung, wir könnten uns womöglich einer weiteren (Fr)Essmeditation hingeben dürfen, hat Halbschwester, nachdem sie die Wörter Bauch und Empfindungen in einem Satz gehört hat, ihre würdelose Körperhaltung aufgegeben. Diese nimmt sie allerdings schnurstracks und vernehmlich schnarchend wieder ein, sobald ihr klar wird, dass es bloß das Ein und Aus der Luft ist, das nun in den Mittelpunkt des Gewahrseins rückt.

Ich werde ermutigt, eine Weile auf den Atembewegungen zu »surfen«, mich von ihnen tragen zu lassen wie von den Wellen des Meeres. Das ist alles sehr rhythmisch, und das Bedürfnis, eine ähnlich unwürdige Körperhaltung einzunehmen wie Halbschwester, macht sich bemerkbar. Unmittelbar darauf fällt mir ein, dass ich schon einmal Hunde habe surfen sehen. Im Fernsehen.

Halbschwester schlägt vor, ich solle das präzisieren. Und klarmachen, dass unsere Artgenossen keineswegs in dem Gerät herumgeturnt seien, sondern sie surften im Meer, in einer Doku, die im TV ausgestrahlt wurde. Egal. Die schiere Bewegung des Surfens erinnerte mich an unsere Autofahrten – was angesichts meiner immer wieder auftretenden Reisekrankheit ein überaus zweifelhaftes Vergnügen war. Also denke ich lieber sofort an etwas anderes. Und bleibe vielleicht am besten bei dem einfachen Ein und Aus. Halbschwester pflichtet mir bei, bevor sie wieder in ihre scheinbare Bewusstlosigkeit fällt.

Die Stimme aus dem CD-Player fährt ebenso gemächlich wie hingebungsvoll fort: Jetzt gilt es, die anderen Körperteile zu erkunden, die von der Atmung bewegt werden. Also Schnauze, Nase, Kehle, Brustkorb und sogar den Schwanz.

Nachdem ich den Bewegungen von Körper und Atmung eine Weile nachgegangen bin, werde ich aufgefordert, an die Stelle meines Leibs vorzudringen, an der ich die Atmung am stärksten wahrnehme. Nun, das ist zweifellos meine Nasenspitze. Also konzentriere ich mich auf diese feuchte schwarze Stelle und atme ein ... atme aus ...

Faszinierend. Die CD ermutigt mich, dem Prozess mit Neugier zu begegnen, also mit spanielschem Wissensdurst, wie man fachsprachlich sagt, und auf die Lücken zwischen den Atemzügen zu achten sowie auf deren Tiefe. Das ist alles irre spannend und macht einem endlich mal klar, was für einen tollen Job Lunge & Co. da eigentlich die ganze Zeit machen.

Alles scheint rundum rundzulaufen.

Etwas aber beunruhigt mich doch, und zwar die Häufigkeit, mit der sich mein umherschweifender Geist nach neuen Weidegründen umsieht. Was allerdings völlig in Ordnung geht, wenn man der Fachautorität von der CD Glauben schenken darf. So ist der Geist nun mal. Wann immer er sich davonmacht, soll ich es einfach wahrnehmen und ihn zum Atem zurückholen.

Die nächste Aussage, die an meine Ohren dringt, beruhigt mich enorm: dass nämlich dieses Umherschweifen in der Natur des Geistes liege.

Plötzlich wieder bei Bewusstsein, quietscht Halbschwester, ihr Geist habe sich in die Küche begeben, um nach dem Fressen zu gucken, sei aber noch nicht zurück. Na, wenigstens hat sie's mitgekriegt.

Nach zehn Minuten, die sich anfühlen wie ein halber Monat, kommt die Atemmeditation allmählich zum Ende. Als Letztes muss ich meine Aufmerksamkeit auf den gesamten Körper richten – und dann auf das Zimmer, in dem ich mich befinde. Das war's. Alles erledigt.

Anschließend verlässt Halbschwester den Ort des Geschehens mit der Bemerkung: »Wir sollten die Möglichkeit nicht ausschließen, dass dieser ganze Hokuspokus genau das ist, worum es eigentlich geht.« Dem ist wohl nichts hinzuzufügen.

VON DER NASE BIS ZUM SCHWANZ – DIE BODYSCAN-MEDITATION

Nachdem wir die erste Meditation überstanden haben, wenden wir uns voller Selbstvertrauen der nächsten CD zu. Die Menschen nennen die folgende Meditation *Bodyscan*. Dabei richtet man anscheinend die Aufmerksamkeit auf jeden Körperteil in Abfolge und achtet dabei auf alle entstehenden Empfindungen. Außerdem hat man Umherschweifenden Geist im Blick.

Der Bodyscan wird normalerweise auf dem Boden liegend durchgeführt – in einer Position, die der würdelosen Körperhaltung von Halbschwester verblüffend ähnlich sieht. Im Gegensatz zu meinem ursprünglichen Gedanken, sie könne in dieser Disziplin ein Naturtalent sein, hat sie jedoch beschlossen, den Bodyscan auszulassen. Was auf die Tatsache zurückzuführen ist, dass es sich hierbei um die Variation einer traditionellen burmesischen Übung namens »Durchfegen« handelt. Außerdem soll sie einem Buch zufolge einer Art gedanklichem *Körper-Abtaste-Zeremoniell* ähneln, was sich Halbschwester prompt als KAtZe abkürzt. Und alles zusammen hat eben dazu geführt, dass nicht mehr daran zu denken war, sie würde an dieser Übung teilnehmen. Schon wieder sieht es also ganz so aus, als müsste ich mich mutterseelenallein auf den Weg machen.

Die Meditation beginnt mit der Einladung, die Augen zu schließen, die Aufmerksamkeit zu bündeln und zu erspüren, wie es ist, auf dem Boden zu liegen. Also stimme ich mich auf die Empfindungen ein, die in mir entstehen, darunter auch die, welche von Dads Meditationskissen ausgelöst werden – und der Wolldecke, die ich unter seinem Schreibtisch gefunden habe. Dabei komme ich nicht umhin zu bemerken, dass sich die unwürdige Körperhaltung, die ich gerade erst eingenommen habe, ziemlich gut anfühlt – gemütlich, kuschelig und irgendwie nach Schlaf.

Leider muss ich vermelden, dass sich Umherschweifender Geist bereits an diesem Punkt wieder auf die Reise begeben hat. In Sekundenbruchteilen hing er bereits der Frage nach, ob es sich ebenso gemütlich, kuschelig und irgendwie schläfrig für Schneewittchen angefühlt hat, in den Bettchen ihrer Zwerge zu meditieren.

Also wieder alles auf Anfang. Nicht dass gleich der Heighho-Song aus dem Disneyfilm ertönt …

Also: Wie hat es sich noch mal angefühlt, dieses Auf-dem-Boden-Liegen? Auf der CD heißt es gerade sinngemäß, dass man bei dieser Übung nichts falsch machen könne. Richtig aber wohl auch nicht. Weil es in diesem Zusammenhang nämlich kein Richtig oder Falsch gibt. Es geht einfach nur darum, sich seiner körperlichen Empfindungen bewusst zu werden – und zwar so, wie sie genau in dem Moment sind. Das heißt auch, dass man nicht versucht, in irgendeinen bestimmten Zustand zu gelangen wie etwa einzuschlafen oder zu entspannen.

Ferner werde ich aufgefordert, so gut ich kann zu akzeptieren, dass es auch Momente geben kann, in denen man überhaupt nichts empfindet. Null. Das ist auch völlig in Ordnung. Weil man es eben in diesem Augenblick genauso erlebt.

An dieser Stelle mach ich lieber mal 'ne kleine Pause, um das alles richtig zu kapieren. Also: Es gibt weder Richtig noch Falsch. Genauso wenig wie bestimmte Empfindungen entstehen sollen. Habe ich keine, heißt das nicht, dass ich tot bin. Sondern nur, dass es bei mir im Moment eben so ist. Alles gut!

Nun, da ich mich perfekt in meiner unwürdigen Körperhaltung eingerichtet und mir klargemacht habe, dass jede Erfahrung, die ich mache, eine Eins plus verdient, kann ich mit dem nächsten Teil des Bodyscans weitermachen.

Ich leiste der Aufforderung aus dem CD-Player Folge, indem ich meine Aufmerksamkeit auf den Atem richte. Hilfreich sei es, höre ich, wenn ich mich auf die Körperpartie konzentriere, an der ich den Atem am intensivsten wahrnehme, und mich von dort ausgehend auf alle Empfindungen einlasse, die in der Folge entstehen. Nachdem ich eine Weile in meinem Inneren herumgesucht habe, beschließe ich, bei meiner Nasenspitze zu bleiben – wie schon in der vorhergehenden Meditation.

Und los geht's. Einatmen, ausatmen. Einatmen, ausatmen. An irgendeinem Punkt ist plötzlich das Heigh-ho der Zwerge wieder da. Und je stärker ich versuche, das Lied loszuwerden, desto lauter wird es. Als wäre das nicht genug, stoßen immer mehr Leute dazu und stimmen in das Heigh-ho ein. Einatmen, ausatmen. Einatmen, ausatmen … Nachdem ich meinen Geist, wie es mir vorkommt, zigtausend Mal zurückbeordert habe, gelingt es mir schließlich, mich dem Rhythmus hinzugeben, in dem die Atemluft in den Körper einfließt und wieder aus ihm herausströmt.

Der Atem wird auf dieser Meditations-CD als »Anker im Hier und Jetzt« bezeichnet. Ähnlich wie im Hafen der Anker ein Schiff an Ort und Stelle hält, wenn die Wellen es mit sich zu nehmen drohen, wird unsere Aufmerksamkeit jedes Mal auf den Atem zurückgelenkt, sobald wir bemerken, dass die Wogen der Ablenkung an ihr zerren. Für mich hört sich das ausgesprochen schlüssig an – ist mein Schiff doch schon auf dem gesamten Globus unterwegs gewesen, ja sogar in den unendlichen Weiten des Weltraums. Und nicht ich stehe am Steuerrad, sondern der kleine Pirat Umherschweifender Geist, dieser dreiste Meuterer.

Mithilfe der Ersten Offizierin Aufmerksamkeit schaffe ich es schließlich, Umherschweifendem Geist die Kontrolle über das Schiff wieder zu entreißen. Nun bin ich bereit, die Rundreise durch meinen Körper anzutreten.

Auf Empfehlung der Stimme aus dem CD-Player entlasse ich den Atem aus dem Fokus, um meine Aufmerksamkeit in die Beine und noch weiter nach unten zu schicken: bis in meine Zehenspitzen. Zudem wird mir geraten, als Begleitung sowohl Neugier wie auch Anfängergeist mit an Bord zu nehmen und zu versuchen, alle sich eventuell einstellenden

Empfindungen an mir vorbeiziehen zu lassen wie Schiffe in der Nacht. Ich solle nicht mit den Zehen wackeln, um eine sinnliche Wahrnehmung zu erzeugen, wird mir empfohlen, sondern einfach alles registrieren, was im Hier und Jetzt geschieht – oder auch nicht.

Die Frau auf der CD, die sich übrigens sehr nett anhört, spricht davon, dass ich womöglich ein Kribbeln, Taubheit, Wärme oder Kälte empfinden könnte, erwähnt aber das Fellflauschige mit keiner Silbe, das in meiner Wahrnehmung alles andere überlagert.

Jetzt heißt es, ich solle jede Zehe für sich erkunden und auch die Zwischenräume, durch die sie voneinander getrennt sind. Nach einer Weile, die auch der Sprecherin Gelegenheit gibt, etwas zur Ruhe zu kommen, ist es an der Zeit, meine Aufmerksamkeit in die Fußsohlen zu lenken und dann auf die Fußrücken. Einige Zeit später, die mir vorkommt wie ein ganzes Leben, geht es zu meinen Beinen weiter, die bis jetzt geduldig gewartet haben, dass sie drankommen, und nunmehr geradezu brennen vor zappeligem Feuereifer.

Dass sich auch wieder die unvermeidliche Feststellung »Der Geist schweift bestimmt ab« vernehmen lässt, ist kaum überraschend. Eine echte Offenbarung. *Nicht!* Ein weiteres Mal wird mir versichert, dass daran nichts verkehrt sei. Ich solle mir einfach klarmachen, wohin er zwischenzeitlich abgeschweift ist, der Geist, und meine Aufmerksamkeit anschließend wieder dem Bodyscan zuwenden.

Egal, bevor ich mit der Übung weitermache, werde ich trotzdem erst noch ein Hühnchen mit Umherschweifendem

Geist rupfen. Kann ja sein, dass es für ihn das Natürlichste der Welt ist, sich die Füße zu vertreten. Für mich aber ist es nicht weniger natürlich, mich über den kleinen Teufelsbraten aufzuregen. Also frage ich ihn sehr freundlich, wo er denn gewesen sei, während wir beide hätten aufmerksam sein sollen.

Worauf er kleinlaut meint, so viel Lebenszeit auf die Zehen verschwenden zu müssen und das dann zu allem Überfluss noch untermalt von dieser monotonen Stimme ... das habe ihm den letzten Nerv geraubt. Da habe er einfach wegmüssen. Wenig später habe er sich dabei ertappt, wie er ziellos in der Vergangenheit umhergetappt sei. Nur um bald darauf zu seiner großen Überraschung irgendwie in die Zukunft zu stolpern. Das sei sogar ihm schon auf den Zeiger gegangen. Aber dann habe er glücklicherweise die Aufmerksamkeit getroffen, die ihm erklärt habe, sie mache gerade einen Bodyscan. Und ob er sich ihr nicht vielleicht anschließen wolle.

Meine Güte! Das ist ja, als müsste man einen Haufen Katzen hüten.

Als wir schließlich alle mit der Meditation weitermachen wollen, stellen wir fest, dass die Lehrerin die Beine hinter sich gelassen hat und sich inzwischen mit dem Leib beschäftigt.

An dieser Stelle möchte ich noch darauf hinweisen, dass sich die CD, mit der ich arbeite, an Menschen wendet. Deshalb spricht die Stimme auch über Dinge, die ich nicht habe. Infolgedessen muss ich improvisieren und die Anweisungen den Besonderheiten von mir und meinesgleichen anpassen.

So komme ich zu dem Ergebnis, dass ich am besten an der Schwanzspitze anfange und mich von dort aus hocharbeite.

Bedauerlicherweise scheint jedoch jeder Körperteil perfekt geeignet, Umherschweifenden Geist zu langweilen. Und so, wie es aussieht, wird Aufmerksamkeit vollkommen erschöpft sein, bis wir am Kopf angelangt sind (sollten wir denn überhaupt bis zum Kopf kommen).

Wer je einen English Springer Spaniel hatte, wird dir bestätigen können, dass wir nicht bloß mit dem Schwanz wedeln, sondern eher ein wahnsinnig temporeiches Ganzkörperwedeln an den Tag legen. Sich in aller Ruhe auf den Schwanz zu fokussieren, ist also gelinde gesagt Schwerstarbeit.

Wenn ich es mir recht überlege, war die Idee, mit dem Schwanz anzufangen, also vielleicht doch nicht so günstig. Weil nämlich die Vorfreude meistens den gesamten Körper ergreift – was die Konzentration erheblich erschwert.

Aufgrund von Magenknurren, lautem Herzklopfen, Zucken und einer gewissen Wärme ließ sich die Körpermitte zum Glück etwas besser erkunden, entdecken und beobachten. Unterbrochen werden meine meditativen Beobachtungen nur von Umherschweifendem Geist, der durch die Paralleluniversen taumelt und gar nicht mehr weiß, was real ist und was nicht.

Nach einem kleinen Umweg in die Halsgegend erreiche ich schließlich den Kopf. Zu der Zeit ist Neugier schon in die Knie gegangen und hat jegliches Interesse an den Vorgängen verloren. Anfängergeist dagegen besteht hartnäckig darauf, das alles schon einmal erlebt zu haben.

Die Dame von der CD meint, ich solle Umherschweifenden Geist sanft, aber entschieden zurückholen. Die hat gut reden! Schließlich ist ja nicht sie es, die den elenden Tunichtgut überhaupt erst mal finden muss.

Völlig unbeeindruckt von diesen Ablenkungen meditiere ich weiter. Nehme mir genügend Zeit, den Empfindungen nachzugehen, die sich bei mir in der Kehle, dem Kiefer, im Mund und in meinen niedlichen Spaniel-Ohren einstellen. Als Nächstes geht es um die Dinge, die ich in der Nase und um sie herum wahrnehme. Also viel Feuchtes, Erschnüffeltes, Luftiges, Witterndes.

Jetzt werde ich angewiesen, meine gesammelte Aufmerksamkeit auf und in die Augen zu lenken. Da ich sie geschlossen habe, handelt es sich bei der aufkommenden Empfindung um Dunkelheit. Na, das war easy! Schließlich erreiche ich den Oberkopf und befolge die letzte Anweisung, die darin besteht, die Atemluft durch den ganzen Leib zu leiten, als würden alle Körperteile atmen.

Und genau in dem Moment, in dem ich den letzten Teil der Meditation abgeschlossen habe, meldet sich Umherschweifender Geist mit einer Frage zu Wort, in der doch tatsächlich eine Spur von Neugier mitschwingt: »Hab ich was verpasst?« Ihm folgt in schnellem Tempo Aufmerksamkeit, die vorschlägt, wir könnten doch einen Fuß von Umherschweifendem Geist mit dem auf der CD erwähnten Anker beschweren. Von den drei Tönen der Glocke aufgeschreckt, die das Ende der Übung verkünden, kommt Halbschwester angerannt, um das Büro nach Spuren von Katzendreck abzusuchen. Eine schnelle Tour durch Dads Zimmer später erklärt sie die Luft für rein.

PFOTEN UND ATMUNG – EINE GEHMEDITATION

Der Geist kann in tausend Richtungen abwandern; auf diesem schönen Pfad aber wandle ich in Ruhe und Frieden. Bei jedem Schritt weht der Wind und eine Blume erblüht.
THICH NHAT HANH

Die *Gehmeditation* stellt (jedenfalls, wenn man den Angaben auf der CD-Hülle Glauben schenken darf) eine der einfachsten und zugänglichsten Formen der Meditationspraxis dar. Und wie so oft oder eigentlich immer wird diese Aussage auch im vorliegenden Fall um den Zusatz »einfach, aber nicht leicht« ergänzt.

Bei dieser Form der Meditation gilt es, die gesamte Aufmerksamkeit auf das Erleben des Gehens zu lenken. Es geht hier also nicht darum, einen Spaziergang zu machen und dich dabei die Hälfte der Zeit in Gedanken zu verlieren, sondern um das *Wissen*, dass du gehst, welches dadurch entsteht, dass du dich bewusst auf alle Empfindungen einstellst, die du an deinen Fußsohlen wahrnimmst.

Was an dieser Form der Meditation denn schwer sein soll, fragst du dich? Und wie man nicht wissen könne, dass man geht? Schuld ist natürlich wieder einmal dieser lästige Umherschweifende Geist. Allmählich fängt der alte Rotzlöffel an, mir mordsmäßig auf die Nerven zu gehen, echt jetzt mal!

Offenkundig haben wir keinerlei Ziel, wenn wir die Gehmeditation praktizieren, nicht einmal eine bestimmte Richtung, die wir bewusst einschlagen. Wir kommen einfach im Hier und Jetzt an. Gelangen von einem Moment zum nächsten.

Sollte ich das achtsame Gehen dann erst einmal beherrschen, könnte es meine gesamte alltägliche Fortbewegung transformieren. Heißt es jedenfalls auf der CD. Darauf freue ich mich schon, obwohl mir das Gassi- und Spazierengehen auch jetzt bereits viel Spaß macht.

Aber seien wir mal ehrlich: Wenn ich im Garten umherlaufe oder spiele, bekomme ich den Weg doch nicht von den Pfoten vorgegeben, sondern von meiner Nase. Der schließen sich meine vier Beine einfach nur an. Apropos vier: Im Unterschied zu den Menschen hat unsereins nicht nur zwei Beine, auf die zu achten ist, sondern doppelt so viele. Das darf man nicht vergessen, denn es bedeutet ja schließlich auch, dass wir die doppelte Mühe aufwenden müssen.

Im Übrigen habe ich noch einmal über dieses »Kein Ziel und keine bestimmte Richtung« nachgedacht. Und ja, die Grundidee hinter diesem Prinzip verstehe ich. Trotzdem habe ich das Gefühl, dass es sich hier um eine Fähigkeit handelt, die mir in bestimmten Situationen zum Vorteil gereichen kann.

Wenn ich nämlich dem roten Kater von nebenan nachstelle, gehe ich bedächtig und achtsam vor. Und obwohl man bei der Gehmeditation ja eigentlich kein Ziel ansteuern soll, kann ich diese Übung doch vielleicht auch nutzen, um meine Praxis des achtsamen Anschleichens zu verbessern. Das würde es mir erlauben, mich dem Mistkerl so weit anzunähern, dass er ordentlich Schiss bekommt. Denn im Moment scheint er sogar im Hinterkopf noch Augen zu haben.

Sollten jedoch alle Stricke reißen, kann ich immer noch auf die Geheimwaffe von Halbschwester zurückgreifen und ein Loch unter dem Zaun hindurch buddeln. Das hat im Laufe der Jahre schon spektakuläre Ergebnisse gezeitigt. Was der Rote von nebenan aber womöglich ganz anders sieht.

Bevor ich mit der Gehmeditation anfangen kann, muss ich mir eine ruhige Stelle suchen, an der ich relativ ungestört bin und auf meiner Reise ins Nirgendwo genug Platz zum Hin- und Herflanieren habe. Schließlich entscheide ich mich fürs Wohnzimmer. Dort ist es schön still und außerdem liegt darin ein weicher Teppich in genau der richtigen Größe.

An Halbschwester habe ich die Einladung ergehen lassen, sich mir auf dieser Expedition in nicht näher bekanntes Gelände anzuschließen; sie aber lässt mich wissen, dass sie gedenkt, sich anderswo ihrer unwürdigen Körperhaltung zu befleißigen und an ihrem Fuß zu knabbern. Darüber hinaus teilt sie mir mit, dass sich eine ziellose Gehmeditation als durchaus zeitraubender Vorgang erweisen könne und ich Sorge tragen solle, das Abendessen nicht zu versäumen.

Vor meinem ersten Schritt möchte ich dir noch verraten, dass diese Gehmeditation für mich einen kleinen Haken hat. Der besteht darin, dass die Anweisungen auf der Aufnahme, die ich gefunden habe, von keinem anderen gesprochen worden sind als von Dad. Woran an sich nichts auszusetzen wäre, damit komme ich schon klar. Das Problem ist nur, dass es das erste Mal sein wird, dass ich seine Instruktionen Wort für Wort befolge. Und wie schräg ist das denn? Aber egal, jetzt geht's los.

Dads erste Anweisung besteht darin, mich hinzustellen. Da ich aber schon stehe, hat sich das erledigt. Dann soll ich den Atem frei fließen lassen. Es sieht ganz so aus, als wäre das der Anfang eines kleinen Bodyscans – und da ich ja auch ziemlich klein bin, passt das *perfekt*.

Ein weiteres Mal erkunde ich die Empfindungen, die sich aus dem Kontakt meiner Pfoten mit dem Boden ergeben. Ich fühle mich von der Erde getragen, vielleicht sogar ein wenig verwurzelt und geerdet, und lenke im Stehen meine volle Aufmerksamkeit in den gesamten Körper.

Die nächste Aufforderung, die Dad verlauten lässt, besagt, das Gewicht auf die linke Seite und das linke Bein zu verlagern und alle Empfindungen zu registrieren, die von dieser Bewegung ausgelöst werden.

Was ich empfinde? Zunächst fühle ich mich ein bisschen wackelig auf den Beinen und als hätte ich Schlagseite.

Nach einer Weile soll ich mich wieder gerade hinstellen, um gleich danach mein Körpergewicht auf die rechte Seite und das rechte Bein zu verlagern. Nachdem ich mich darauf eingestellt habe, empfinde ich rechte Wackeligkeit und rechte Schlagseite. So einfach ist das.

Mit dem Heben des Fußes – in meinem Fall: der Pfote – geht es weiter. Also kehre ich in meine Mitte zurück und hebe langsam die rechte Pfote. Da bin ich nun ganz in meinem Element. Denn die Anweisung, den rechten Fuß zu heben, münze ich ganz einfach dadurch auf mich um, dass ich die rechte Pfote hebe – was ich sowieso ständig tue, das liegt mir im Blut, denn schließlich handelt es sich bei uns ja um Jagdhunde, und das heißt, dass wir jederzeit einsatzbereit sein müssen.

Einen Moment lang denke ich über die uns angeborene Fähigkeit des Apportierens nach, welches sich gemeinhin dem Anheben der Pfote – welcher auch immer – anschließt, und hebe meine rechte (Halbschwester hebt derweil immer die linke, nebenbei bemerkt).

Ich glaube übrigens, dass wir English Springer Spaniels ohnehin schon von Natur aus sehr achtsam apportieren. Das macht sich zum Beispiel bemerkbar, wenn ich ein Tennisbällchen bringe, dann bin ich immer ganz im Hier und Jetzt und voll konzentriert.

Halbschwester hat diese Fähigkeit auch, ist aber selten bereit, ihre Energie auf Tätigkeiten wie das Pfoteheben oder Tennisballholen zu verschwenden. Ein Pfötchen reckt sie höchstens mal des Effekts wegen in die Höhe, meistens für ein Foto oder um sich ein Leckerli zu ergaunern. Dabei fällt mir ein: Bei einem Spaziergang hat sie einmal eine Krähe gefangen und sich dann geweigert, sie Mom zu übergeben. Mom musste am Ende eine Freundin anrufen und sie um Hilfe bitten. Mit vereinten Kräften haben die beiden Frauen Halbschwester dann so lange die Nase zugehalten, bis sie den Vogel schließlich ausspuckte. Zu guter Letzt flog die Krähe völlig ungerührt und bei bester Gesundheit davon. Halbschwester hatte sie tatsächlich überaus achtsam im Maul gehalten.

Jetzt bin ich aber, fürchte ich, gedanklich kurz in die Vergangenheit abgedriftet. Bei der es sich, wenn ich das noch hinzufügen darf, um eine der Lieblingszufluchten von Umherschweifendem Geist handelt. Aber egal. Jetzt hebe ich die Pfote, hole meinen Geist zurück – und bin wieder ganz da. Wo waren wir stehengeblieben? Oh, stimmt ja. Beim Umschalten von Mensch auf Hund. Ich kann die rechte Pfote heben. Was aber bedeutet, dass die hintere Rechte zu kurz kommt. Nun könnte ich zwar versuchen, beide zu heben, fürchte aber, dabei ins Spaniel-Yoga zu verfallen und mich übermäßig der Empfindung des Umfallens hinzugeben. Am Ende entschließe ich mich, Vorder- und Hinterpfote abwechselnd zu heben, sodass jede mal drankommt.

Auf Dads Anweisung hin hebe ich die rechte Vorderpfote leicht an und stelle sie nur ein wenig nach vorn versetzt wieder auf dem Boden ab. Er sagt nämlich, dass bloß ein winziger Babyschritt erforderlich ist. Anschließend hebe ich die rechte Hinterpfote, dann die linke vorne und schließlich die hintere linke. Währenddessen stimme ich mich auf alle Empfindungen ein, die beim Gehen entstehen.

Gerade bin ich dabei, mich an die Gehmeditation zu gewöhnen, als – ja, wer wohl? – angedackelt kommt und mich aus dem Tritt bringt. Na klar, wer könnte es anders sein als Umherschweifender Geist.

Sofort überschüttet er mich mit einer Flut an Fragen. Darüber verliere ich den Faden und weiß gar nicht mehr, wo ich beim Gehen gerade war. »Bist'n Roboter?«, »Was für 'nen Sinn hat denn das Spiel, das du da spielst?«, »Haste denn vergessen, wie das geht: *gehen?*«, »Lass uns doch was anderes machen!«, »Laaangweilig!«

Kaum taucht er auf, ist er auch schon wieder verschwunden. Stille tritt ein, und die Empfindungen in meinen Pfoten erfreuen sich neuerlicher Beachtung. Aber es ist genau wie beim Nachbarskater-Jagen: Irgendwann nervt er bestimmt wieder.

Anheben, vorschieben, auftreten, der Rhythmus der Pfoten auf dem Boden setzt sich fort, während sie sich langsam, aber sicher und fröhlich ins Land des Nichts vorarbeiten. So lange, bis schließlich Umherschweifender Geist wieder auftaucht, mit einer weiteren Frage: »Wenn du doch aber weder Ziel noch klare Richtung hast: Woher weißt du dann, dass du angekommen bist?«

Darauf brauche ich glücklicherweise keine Antwort zu finden, weil in diesem Moment auf der Aufnahme die drei Töne der Glocke zu hören sind, die das Ende der Meditation markieren. Nach kurzer Überlegung komme ich zu dem Schluss, dass ich die Gehmeditation eigentlich ganz gern mag. Denn für mich stellt sie eine willkommene Gelegenheit zur Würdigung meiner ersten Gehversuche als Welpe dar: wie lange ich gebraucht habe, das Laufen zu lernen. Und nun nehme ich es ganz selbstverständlich hin. Gehe wie auf Autopilot. Das achtsam-langsame Dahintraben scheint sogar Umherschweifenden Geist zu beruhigen, der sich im Verlauf der Übung immer seltener eingestellt hat.

SITZ!, AUS!, GUCK!, WEITER! – DIE SITZMEDITATION

Täglich solltest du zwanzig Minuten meditieren; es sei denn, du hast viel zu tun. Dann müsstest du eine Stunde sitzen.

ALTE ZEN-WEISHEIT

Dem Kollegen Bücherschrank zufolge wird die eine oder andere Form von Sitzmeditation bereits seit Tausenden von Jahren praktiziert. Diese uralte Übung stellt deshalb einen *ganz entscheidenden* Teil unserer Ausbildung dar. Und er hat uns auch eigens darauf hingewiesen, dass es eines hohen Maßes an Fokussierung beziehungsweise Konzentration bedarf, wollen wir die Fähigkeiten verstehen und herausbilden, auf denen diese Praxis beruht. Doch statt uns von diesem Statement einschüchtern zu lassen, sehen wir alles positiv und denken an die vielen Wochen in der Welpenschule, als wir endlos aufgepasst und uns auf die verschiedenen Kommandos konzentriert haben. Obwohl es uns seinerzeit nur um die Leckerlis ging, scheint sich die ganze harte Arbeit in der *Sitzmeditation* jetzt doch auszuzahlen.

In ihrer Klasse ist Halbschwester die Beste gewesen – sitzen und geduldig auf Kommandos warten konnte sie scheinbar endlos. Selbst wenn es schon dunkel wurde, saß sie manchmal noch da, ohne auch nur mit der Pfote zu zucken. Ihre einzige Motivation war die Aussicht auf was Fressbares. Ich bin da viel lockerer drauf.

Ganz anders sieht die Geschichte allerdings mit Tennisbällen aus. Die apportiere ich dir auch noch, wenn es im Garten längst stockdunkel ist. Oder ich pflücke mir einen mit der Schnauze aus der Luft. (Dad kann ich mit dieser Nummer immer wieder beeindrucken.) Da von diesen Qualifikationen in der Welpenschule aber dummerweise keine einzige gefragt war, bin ich an die Standards von Halbschwester bisher leider nicht auch nur annähernd herangekommen.

Und da wir gerade von meiner Gefährtin sprechen: Ich freue mich mitteilen zu dürfen, dass sie im Unterschied zu den vorhergehenden Meditationen beschlossen hat, an dieser teilzunehmen. Das liegt an der Bedeutung, die Kollege Bücherschrank dieser Praxis zugewiesen hat. Nicht zuletzt aber auch daran, dass Katzen in diesem Fall mit keiner Silbe erwähnt werden.

Nach sorgfältiger Prüfung der Sachlage können wir vor Beginn der Unternehmung bestätigen, dass Kollege Bücherschrank allem Anschein nach recht hat mit der Annahme, dass es sich bei dieser Übung um ein entscheidendes Element auf dem Weg zur Erleuchtung handelt. Wie wir außerdem herausgefunden haben, sind schwierige und unangenehme Momente nicht weniger Begleitumstand des Alltags als die erfreulicheren. Das steht auch im Einklang mit jener Aussage des Buddhas, der zufolge das Leiden ein natürlicher Bestandteil des Lebens ist. Halbschwester hat da so eine Vermutung: Wenn wir unseren Gedanken, Emotionen, Gefühlen und Empfindungen genügend Aufmerksamkeit widmen, sowie sie aufkommen, kann uns das helfen, achtsam zu sein und geschickter zu reagieren. Weil die Aufmerksamkeit im Nachtclub der Phänomene quasi als Türsteherin fungiert.

Im Zuge unserer vor-meditativen Recherchen finden wir heraus, dass wir auf Erlebtes und Erfahrenes im Allgemeinen auf eine der folgenden vier Arten reagieren:

GLEICHGÜLTIGKEIT (UNINTERESSIERT)

Wurstigkeit herrscht, wenn das Geschehen im Hier und Jetzt als irrelevant, langweilig oder uninteressant empfunden wird. Umherschweifender Geist beschließt dann, dass es nichts bringt, da weiter rumzuhängen, und verzieht sich, um sich wohin zu begeben, wo's interessanter ist. Dass er sich unterwegs in Gedanken verliert, dürfte eigentlich niemanden wundern.

FESTHALTEN (DAS TENNISBALL-SYNDROM)

Darunter wird der Wunsch verstanden, an Erlebnissen *festzuhalten*, die in diesem Moment stattfinden, oder auch die Sehnsucht nach Dingen, die gerade nicht da sind. Für uns Spaniels sind das große Themen, insbesondere, wenn es dabei um Tennisbälle und Leckerlis geht. Halbschwester hängt total an Kuscheleinheiten. Sobald sie diese vermisst, klaut sie irgendwelche Gegenstände oder haut einen mit der Pfote an, um die Aufmerksamkeit auf sich zu ziehen. Ich jedenfalls würde ihr Verhalten psychologisch so interpretieren. Und was meine Fixiertheit auf Tennisbälle betrifft ... Gegen die ist wirklich kein Kraut gewachsen. Höchstens vielleicht ein Besuch beim Hundeflüsterer (allerdings ist der immer so leise, dass ich nicht verstehe, was er mir eigentlich sagen möchte).

ABNEIGUNG (NIMM'S WEG ODER LASS UNS GAR NICHT ERST DARAN DENKEN)

Soweit wir das feststellen konnten, dürfte es sich bei der Abneigung um das Bedürfnis handeln, eine Erfahrung loszuwerden oder einer aus dem Weg zu gehen, die sich gerade anbahnt. Klassische Beispiele dafür wären etwa Autofahrten, Besuche bei der Tierärztin oder der Doppelwhopper: Autofahrt zur Tierärztin. Im Fall von Halbschwester ist es die Badewanne. Dagegen haben bei uns zu Hause alle eine Abneigung. Jedes einzelne der genannten Beispiele kann uns ganz schön Nerven kosten.

Regelmäßiges Meditieren scheint uns allerdings dabei zu unterstützen, dass wir achtsamer auf die jeweilige Erfahrung reagieren können. Selbst auf den *Titanic*-Horror von Halbschwester in der Badewanne dürfte das zutreffen, wenn auch wahrscheinlich erst mit sehr, sehr viel Übung.

Nun, da wir die Recherchen abgeschlossen haben, ist es an der Zeit, wieder eine würdevolle Körperhaltung einzunehmen und endlich mit der Sitzmeditation anzufangen.

Vorherigen Anweisungen zufolge müssen wir uns dafür einen Platz suchen, an dem wir möglichst wenig abgelenkt oder gestört werden, der Körper zur Ruhe kommen beziehungsweise der Schwanz entwedelt werden kann. Also begeben wir uns erneut in Dads Büro. Dort angekommen kündigt die Stimme auf der CD an, dass wir demnächst vom *Modus des Machens* in den des *Nicht-Tuns* übergehen und einfach nur im Moment sein werden. Wir sollen dabei unser Bestes geben, um all unseren Erfahrungen und unserem Erleben mit größtmöglicher Geduld und Güte begegnen zu können. In jedem einzelnen Moment.

Halbschwester teilt mit, sie sei morgens bereits im Modus des Nicht-Tuns aufgewacht und bereite sich nunmehr schon seit dem Frühstück auf das Ereignis vor.

ATMEN

Somewhere in between, breathing out and breathing in.
KATE BUSH

In würdevoller Körperhaltung beginnen wir die Meditation mit Kenntnisnahme der Tatsache, dass wir atmen. Das zu wissen, kann nie schaden. Sonst macht man dieses ganze Meditationsding im Modus des Nicht-Tuns nämlich mit der extremen Ruhe und allumfassenden Empfindung des Totseins. Entsprechend freue ich mich sehr, bestätigen zu können, dass Halbschwester und ich definitiv am Atmen sind. Wir können den Atem spüren und sehen, wie sich unsere Ohren heben und senken – was immer ein gutes Zeichen ist.

Danach sollen wir uns alle Mühe geben, den Prozess des Einatmens von Anfang bis Ende komplett zu verfolgen. Dasselbe dann mit dem Prozess des Ausatmens. Und schließlich wiederholen wir das Ganze nach Ansage.

Ein weiteres Mal müssen wir unsere gesamte Aufmerksamkeit auf den Körperteil lenken, in oder an dem wir den Atem am intensivsten spüren. Nachdem wir damit schon die letzten Male so gut gefahren sind, entscheiden wir uns auch diesmal wieder für die Nase.

Einige Atemzüge später macht uns der Sprecher der CD darauf aufmerksam, dass über kurz oder lang Umherschweifender Geist überraschend auftauchen und uns woandershin mitnehmen wird. Wohin auch immer. Zwangsläufig. Da er den Atem langweilig findet und nicht glaubt, dass der so viel Beachtung verdient, haut er immer wieder ab.

Was Umherschweifenden Geist angeht, ist die Zeit generell knapp. Denn bei all den vielen Dingen, die sich wiederaufgreifen, erfinden oder analysieren lassen, muss er sich beeilen, um auch ja nichts auszulassen. Das Problem dabei: Immer wenn uns der Schwerenöter erneut ablenkt, muss Aufmerksamkeit losrennen, um ihn einzufangen. Und wir müssen wieder ganz von vorn beginnen.

Irgendwann sind wir dann wieder beim Atem und werden aufgefordert, ihn in keiner Weise kontrollieren zu wollen. Stattdessen sollen wir uns bemühen, ihn sich einfach selbst zu überlassen – schließlich macht er den ganzen Tag über nichts anderes und wird schon wissen, was er da tut. Und wer wären wir schon zu versuchen, ihm ins Handwerk zu pfuschen?

In dem Maße, in dem wir uns der Atmung annähern, nehmen wir auch die Räume zwischen den Atemzügen wahr. Das sind die Momente, in denen sich der Atem ein Päuschen gönnt – buchstäblich eine Atempause von dem ganzen Rein und Raus.

Du denkst vielleicht, alle Atemzüge wären gleich. Das sind sie aber nicht. Also ... unsere jedenfalls nicht. Manche sind kurz, andere lang. Es gibt gemächliche Atemzüge und schnelle, geschmeidige, unrunde und auch abgehackte, die sind, wie wenn ich das Wasser in meiner Schüssel zu schnell ausschlabbere.

Weiter geht's. Um die Atmung noch eingehender zu erforschen, widmen wir ihr unsere zugewandte Neugier.

Derweil bringen wir unsere Aufmerksamkeit wieder und wieder auf das Objekt unserer Betrachtung zurück, während Umherschweifender Geist kontinuierlich tut, was Umherschweifender Geist tun *muss*. Obwohl er ein elender Quälgeist ist, fangen wir allmählich an, ihn zu mögen (so wie man halt ein ungezogenes Kind mag).

DER KÖRPER

Pass gut auf deinen Körper auf.
Eine andere Wohnung hast du nämlich nicht.
JIM ROHN

Jetzt ist es an der Zeit, die Aufmerksamkeit auch auf den Körper auszuweiten und auf alle Empfindungen, die dort gerade umherschwirren. Als guten Ausgangspunkt sehen wir dabei unsere Pfoten und unseren Hintern, die den Boden berühren.

Nach einer Weile sind wir bereit, einen Schritt weiterzugehen und das Gefühl des Halsbandes an der Kehle wahrzunehmen sowie unsere ausgeprägte Fellflauschigkeit am ganzen Körper. Entsprechend den Anweisungen geben wir uns alle Mühe, unsere Empfindungen nicht zu bewerten, sondern sie als bloße Erfahrung des Augenblicks zu betrachten.

Anschließend geleitet uns die Stimme auf der CD zu Empfindungen, die ebenso intensiv wie schwer zu ertragen sind, und macht uns Vorschläge, wie wir mit ihnen umgehen können. Zum Beispiel sanfte Bewegungen, in die Empfindung hineinatmen oder die Aufmerksamkeit auf den Atem lenken. Halbschwester meint jedoch, da wir nicht in Zelten hausen, sondern gemütlich in Dads Büro sitzen, könnten wir diese Stelle ruhig überspringen.

Nachdem wir uns einen Moment lang mit verschiedenen Empfindungen im Körper befasst haben – mit heißen, kühlen, feuchten und juckenden Stellen, um nur einige zu nennen –, sind wir bereit, uns dem nächsten Teil dieser Meditation zuzuwenden.

GERÄUSCHE

Die Glocke im Tempel verklingt,
doch aus den Blumen höre ich ihren Klang auch weiterhin.
MATSUO BASHO

Es ist an der Zeit, unsere Aufmerksamkeit erneut auszudehnen. Diesmal auf das Entstehen und Ausklingen von Geräuschen. Zu unserer Beunruhigung wird auf der CD angedeutet, dass sich auch unserem Inneren Töne entringen könnten. Sicherheitshalber entferne ich mich ein paar Schritte weit von Halbschwester. Andere mögliche Geräusche – ob nun von innen oder von außen – kommen mir vergleichsweise wenig beunruhigend vor.

Bei diesem Teil der Übung lautet die Devise Neugier. Was zur Folge hat, dass wir aufgefordert werden zu bestimmen, ob die Geräusche aus der Nähe oder von ferne stammen, ob sie andauern oder kommen und gehen.

Offenbar brauchen wir nach den Geräuschen nicht einmal zu suchen, sondern sollen sie einfach auf uns zukommen lassen. Was mir so weit durchaus machbar erscheint. Anders als die folgende Anweisung: die Töne in keiner Weise zu beurteilen. Das könnte schwierig werden. Doch wie sich herausstellt, kommt es noch dicker: Klänge nur zu hören, ohne sie zu mögen, doof zu finden oder auch nur zu kategorisieren, ist schon schwer genug. Weshalb – das ist nicht schwer zu erraten: Kaum haben wir begonnen, gesellt sich auch schon Umherschweifender Geist wieder zu uns. Und im Unterschied zu den bisherigen Teilen der Übung scheint ihm dieser richtig Spaß zu machen. Denn sobald wir konzentriert einem Geräusch lauschen und uns alle Mühe geben, es weder irgendwie einzuordnen, noch zu bewerten, kommt das meditative Pendant eines Fußballfans auf uns zu, der den Schiri anbrüllt. Das daraufhin entstehende Wechselspiel geht in etwa so: Wir lauschen, Umherschweifender Geist flüstert uns zu, was wir seiner Meinung nach da hören: Piep, piep – Piepmätze! Klingelingeling – der Eismann kommt! Ratatatata – ein Hubschrauber! So geht es weiter und immer weiter. Selbst als wir schon längst beim nächsten Teil der Übung angekommen sind, ist Umherschweifender Geist noch ganz bei der Sache ... Tatütata ...

DENKEN

Um dein Lebensglück zu finden, brauchst du sehr wenig nur;
du trägst alles in dir selbst, in deiner Art zu denken.
MARK AUREL

Bevor unsere von Umherschweifendem Geist bedingten Kopfschmerzen die nächsthöhere Stufe der Intensität erreichen können, werden wir von der Stimme auf der Meditations-CD aufgefordert, einen Schritt weiterzugehen. Was sich aber vermutlich nur als Galgenfrist herausstellt. Denn jetzt soll sich unsere Aufmerksamkeit auch aufs Denken erstrecken. Genauer gesagt, sollen wir unsere Gedanken dabei beobachten, wie sie uns durch den Kopf huschen.

Uns wird empfohlen, sie einfach als mentale Ereignisse zu betrachten, die entstehen und an uns vorbeiziehen – im Grunde ganz ähnlich wie die aufsteigenden, an uns vorbeiziehenden Klänge und Geräusche, denen wir zuvor gelauscht haben. Diese Gedanken können sich, wie wir erfahren, um alles Mögliche drehen: Vergangenheit, Essen und Trinken, Garten, Tierärztin, Gassigehen – ganz beliebig. Sollten wir Umherschweifendem Geist begegnen, womit fest zu rechnen sei, sollen wir so schnell wie nur möglich zum Gedankenbeobachten zurückkehren.

Wie lange das dauern wird, kann niemand sagen. Denn jetzt sind wir zu Besuch in seiner Heimatstadt. Und in der kennt er sich aus wie in der vielzitierten Westentasche.

Die Stimme auf der CD versichert uns, dass es okay ist, die Gedanken auf jede nur mögliche Art und Weise zu beobachten. So können wir uns zum Beispiel vorstellen, dass wir im Garten sitzen und in den Himmel schauen. Wie unsere Gedanken ziehen auch die Wolken in unterschiedlichem Tempo an uns vorbei: schnell, langsam, vielleicht auch in Schlangenlinien. Manche wirken sogar so, als würden sie sich überhaupt nicht bewegen.

Diese Idee gefällt uns. Daher machen wir es uns in Gedanken im Bambuswäldchen gemütlich und beobachten die Wolken. Wer weiß – vielleicht entdecken wir ja sogar den Roten Milan, der über unserem Haus dahinsegelt.

Manche Gedanken nehmen die Form von gesprochenen Worten an; andere erscheinen als Bilder oder Videos. Wie auch immer: Tun wir nichts, machen sie sich von selbst wieder davon.

Halbschwester, die in letzter Zeit erstaunlich still ist, berichtet mir von einer neuen Methode, ihre Gedanken zu beobachten, die sie selbst erfunden hat. Demnach stellt sie sich diese als Katzen vor, die über den Gartenzaun balancieren. Will man einen Gedanken loswerden, braucht man nur die Katze vom Zaun zu schubsen. Und weg ist er.

Diese Idee ist typisch Halbschwester – typisch für ihre generelle Abneigung Katzen gegenüber. Samtpfoten riecht sie schon, lange bevor man auch nur ein Schnurrhaar von ihnen zu sehen bekommt.

Eines Nachmittags haben Kollege Bücherschrank und sie über den Unterschied von Katzen und Hunden gesprochen. Danach hat meine Gefährtin ein paar ganz erstaunliche Fakten an mich weitergereicht. Ob die alle voll der Wahrheit entsprechen, weiß ich nicht, na ja, schließlich kenne ich die blühende Fantasie meiner Halbschwester. Aber interessant finde ich die Infos trotzdem.

Hunde sind demnach Herdentiere. Und Katzen Einzelgänger. Oder anders ausgedrückt: Sie sind asozial und kein bisschen vertrauenswürdig. Hunde bellen, knurren, wuffen oder quietschen – und verfügen über viele weitere Möglichkeiten der Kommunikation. Katzen dagegen können nur miauen oder schnurren, sind also vollkommen ungebildet.

Während Hunde Eindringlinge vertreiben, bringen Katzen nichts anderes fertig, als wegzulaufen. Sind demnach echte Feiglinge. Hunde benötigen viel Platz zum Umherlaufen. Im Unterschied dazu sind Katzen schon mit ganz wenig Raum zufrieden. Am besten hält man sie also in einem Schuhkarton.

Irgendwann fällt uns wieder ein, dass wir ja eigentlich die Sitzmeditation erlernen wollen. Und besinnen uns – Aufmerksamkeit sei Dank – aufs Beobachten unserer Gedanken zurück. Umherschweifender Geist ist schon ein ganz Raffinierter: Mitunter kommt er sogar durch den Seiteneingang geschlichen.

EMOTIONEN

Vergessen wir nicht, dass die kleinen Gefühle
die großen Kapitäne unseres Lebens sind;
und dass wir uns ihnen fügen, ohne es recht zu bemerken.
VINCENT VAN GOGH

Als wir unsere Gedanken beobachteten, kam in uns die Vermutung auf, manche davon könnten mit Emotionen verbunden sein. Und das sagt uns nicht nur unser Kopf – das spüren wir auch am ganzen Körper. Während Halbschwester zum Beispiel total aufgeregt bei der Sache war, als sie reihenweise Katzen vom Gartenzaun weggehauen hat, habe ich manchmal Glücksgefühle beziehungsweise Zufriedenheit empfunden, und in anderen Momenten verspürten wir Langeweile oder Ruhelosigkeit.

Das alles hat sich natürlich auch körperlich niedergeschlagen. So ist etwa aus Aufregung Nervosität geworden, Glücksgefühle gehen mit einem Kuschelbedürfnis einher, Langeweile macht uns unruhig und zappelig. Nach all dem werden wir unsere Aufmerksamkeit nun sowohl aufs Denken und

Fühlen als auch auf alle Empfindungen ausweiten, die womöglich auftreten.

An dieser Stelle möchten wir darauf hinweisen, dass die Sitzmeditation unsere spanielsche Beobachtungsgabe spätestens hier aufs Äußerste strapaziert. Insbesondere, wenn man Umherschweifenden Geist mit ins Kalkül einbezieht. Wir kriegen das hin. Die Fähigkeiten einer Durchschnittskatze aber wären damit weit überfordert. Nur, damit das auch mal gesagt ist. Oder in den Worten von Halbschwester: Katzen sind einfach nicht in der Lage, über ihren Tellerrand zu schauen.

Die Stimme auf der CD erinnert uns daran, was wir tun können, sollten sich uns während der Meditation einmal Steine in den Weg legen. Dazu gehören zum Beispiel die Verwendung der Atmung als Anker, der Versuch, sich dem Problem möglichst weit anzunähern, oder die Entscheidung, die Dinge einfach zu lassen, wie sie sind.

VORBEHALTLOSE AUFMERKSAMKEIT

*Letztlich hängt der Wert des Lebens von Aufmerksamkeit
und der Macht der Kontemplation ab
und weniger vom reinen Überleben.*
ARISTOTELES ZUGESCHRIEBEN

In der restlichen Zeit sollen wir alles loslassen, was wir bislang beobachtet haben, also den Atem, körperliche Empfindungen, Geräusche, Gedanken und Emotionen. Tun wir auch.

Und sind uns ab sofort einfach des Umstandes bewusst, dass wir jetzt, in diesem Moment, hier sitzen. Sollte sich ein Gedanke einstellen, beobachten wir ihn. Ein Geräusch? Dito. Falls es der Atem ist, der uns am meisten auffällt, nehmen wir uns seiner an. Wir geben uns größte Mühe, uns mit allem Erlebten und Erfahrenen zu verbinden. Für den Fall, dass sich Umherschweifender Geist bemerkbar macht, nehmen wir auch ihn zur Kenntnis. (Da allerdings jeden Moment die Glocke zu hören sein müsste, würde Halbschwester ihn wohl eher vom Hof jagen wollen.)

NACH EINGEHENDER BETRACHTUNG IM BAMBUSWÄLDCHEN

Das Geheimnis des Im-Augenblick-Lebens dürfte darin bestehen, dass man, statt wie die Feuerwehr durch den Alltag zu rasen, sein Tempo auf diese Weise gerade weit genug runterfährt, um mehr von dem Geschehen um einen herum mitzubekommen. Gelingt uns das, dürften wir in der Lage sein, klügere Entscheidungen zu treffen und dadurch auch ein achtsameres, glücklicheres Leben zu führen. Offenbar beeinflusst alles, was wir Tag für Tag erleben, unser Fühlen und mithin auch Befinden.

Wenn es darum geht, im Hier und Jetzt zu bleiben und sich nicht von Umherschweifendem Geist ablenken zu lassen, ist der Atem wohl unser bester Freund. Denn er kann wie ein Anker sein, der ein dahintreibendes Schiff festhält. Dann sorgt er dafür, dass wir uns nicht von den gedanklichen Wogen aus Vergangenheit und Zukunft wegtragen lassen, sondern in der Gegenwart bleiben. Wollen wir weisere Lebensentscheidungen treffen, sollten wir unbedingt täglich meditieren und unsere Achtsamkeit trainieren.

Halbschwester, die die Sitzmeditation, scheint's, auf einer Pobacke absolviert hat, schlägt vor, sogar noch einen Schritt weiterzugehen und uns so oft wie möglich auf unsere Atmung zu besinnen – also immer, wenn wir daran denken. Das würde uns nicht nur jedes Mal sofort in die Gegenwart befördern, sondern uns auch bestätigen, dass wir immer noch gesund und munter sind.

Meine liebe Halbschwester hat noch einen weiteren Vorschlag, nämlich den, auf der Stelle mit dem Meditieren aufzuhören und schnellstmöglich die Tierärztin zu informieren, wenn man sich mal auf den Atem besinnen will und feststellt, dass keiner mehr da ist. Solltest du ein Mensch sein, wirst du dich in einem solchen Fall in die Notaufnahme eines Krankenhauses begeben und mit Geduld wappnen müssen. Oder aber du entscheidest dich für die schnellere Option und tust so, als wärst du ein Hund mit verlässlich zahlender Haustierversicherung.

Anmerkung: Die für Menschen gedachte Version der Meditationsübungen finden sich (in englischer Sprache) auf www.garyheads.co.uk.
Hunde werden gebeten, sich dieses Kapitel durchzulesen und dafür zu sorgen, dass sich ihr Halter oder ihre Halterin die Übungen herunterlädt.

5

SCHWEIGE-RETREAT

*In der Mongolei wird ein Hund nach seinem Tod hoch auf
Hügeln begraben, damit keine Menschen auf seiner Grabstätte
herumlaufen. Sein Besitzer flüstert ihm den Wunsch ins Ohr, dass
der Hund im nächsten Leben als Mensch wiedergeboren werde.*
GARTH STEIN

In Anbetracht der fantastischen Aussicht, die ich aus dem Fenster habe,
und all des Gewusels da draußen beschließe ich, als morgendliche
Übung eine »Sehmeditation« durchzuführen.

TAG 1

Obwohl wir diesen merkwürdigen Aktivitäten heute nicht zum ersten Mal beiwohnen, dürfen wir wohl mit Fug und Recht behaupten, dass der heutige *definitiv* kein durchschnittlicher Tag ist. Das fängt schon damit an, dass jede Menge Zeug in den Wagen gepackt wird, als würden wir umziehen, sogar unser Futter, was ich etwas beunruhigend finde. Eines ist nämlich sicher: Wohin auch immer sich unser Futter begeben mag – Halbschwester ist mit von der Partie.

Sollte sich unsere Vermutung bestätigen, besteht trotzdem kein Grund zur Besorgnis. Dann sind wir bestimmt bald wieder zu Hause. Wir glauben nämlich, dass das Ganze eine Vorbereitung auf etwas ist, das als Urlaub bezeichnet wird (was immer das sein mag). In diesem sogenannten Urlaub gehen Mom und Dad nicht zur Arbeit, sondern hängen einfach nur rum, lesen, machen Spaziergänge und lassen es sich gutgehen. Im Großen Handwörterbuch des English Springer Spaniels rangiert das unter »Leben«.

Die Vor-Reise-Gespräche hören sich so an, als würden wir in eine Gegend namens Dumfries und Galloway in Schottland fahren. Mom zufolge werden wir uns irgendwo im Nirgendwo in einem Cottage aufhalten, das laut Werbebroschüre total abgeschieden liegen soll. Außerdem gebe es dort weder Internet noch Handyempfang oder Fernsehen. Letzteres empfindet Halbschwester als mittlere Katastrophe. Kein Fernsehen heißt nämlich auch und vor allem: keine Fernbedienung.

Der Schock ob der Katastrophe legt sich jedoch schnell wieder, weil Halbschwester eine neue, viel wichtigere Idee gekommen ist. Sollte sich das Cottage nämlich wirklich irgendwo im Nirgendwo befinden und die Achtsamkeit einen Pfad darstellen, der letztlich ins Nirgendwo führt, könnte es ja sein, dass wir uns tatsächlich auf den richtigen Weg begeben. Kollege Bücherschrank und ich überzeugt die Theorie von Halbschwester zwar nicht so recht, aber immerhin denkt sie jetzt nicht mehr ständig an die Geschichte mit der Fernbedienung.

Die Fahrt soll mehr als drei Stunden dauern und wird damit die längste Strecke sein, die wir je im Auto zurückgelegt haben. Hinzu kommt, dass wir, Halbschwester und ich, noch nie in einem schottischen Cottage übernachtet haben. Alles in allem steht uns also eine rundum neue Erfahrung bevor.

Das Auto wird zwar bis unters Dach vollgepackt, für unseren Anfängergeist bleibt trotzdem noch Platz genug. Was bei all dem Unbekannten, das da auf uns zukommt, ja nicht unpraktisch ist.

Viele der Bücher, die wir bislang gelesen haben, empfehlen als Teil der Meditationspraxis die regelmäßige Teilnahme an einem Schweige-Retreat. Das ist offenbar auch der Grund, weshalb sich Dad einmal im Jahr zum Zwecke der inneren Einkehr im buddhistischen Kloster aufhält. Wie er Mom mal erzählt hat, als auch wir ganz Ohr waren, wird in der Zeit dort nicht gesprochen. Handys, Fernsehen oder Internet gibt es nicht, stattdessen den ganzen Tag über nur Sitz- und Gehmeditationen. Nach dem Mittagessen ist keine Nahrungsaufnahme mehr gestattet. Diese Mitteilung hat sofort

Halbschwester alarmiert. Und nun teilt sie mir unmissverständlich mit, dass für sie, sollte sich unser Urlaub tatsächlich als Schweige-Retreat erweisen, ein Verzicht auf abendliches Futter unter keinen Umständen infrage käme. Was das angeht, finde ich, müssten wir gegebenenfalls einen Kompromiss anstreben. Oder uns auf ein doppeltes Frühstück einigen.

Nach Würdigung aller Umstände scheint mir die Gelegenheit für ein allererstes Schweige-Retreat geradezu ideal: vielleicht eine kleine Morgenmeditation, etwas stille Einkehr im Garten am Nachmittag und über den ganzen Tag verteilt eine Menge achtsames Füße-Vertreten. Bellen oder Jaulen sind natürlich nicht gestattet. Bevor es aber zu irgendeiner dieser Aktivitäten kommen kann, müssen wir erst einmal hinkommen. Und mit dem Autofahren tue ich mich zugegebenermaßen etwas schwer. Die erste Stunde oder so geht es meistens noch, aber dann ... fange ich an zu keuchen, sabbere und gestatte schließlich – sehr zur Abscheu von Halbschwester – allen einen Blick auf mein Frühstück.

Da alle Gebete der Insassen des Wagens ungehört bleiben, unterscheidet sich diese Fahrt nicht von den vorherigen. Ich gebe mir alle Mühe, einfach nur ein- und auszuatmen – ein ... und aus: Nach einer Stunde geht es – wusch! Die gesamte Family hat gewusst, dass es so kommen würde. Dad hat verzweifelt nach einem Rastplatz gesucht, Mom die Papiertücher bereitgehalten und Halbschwester vollführte Ausweichmanöver wie eine volltrunkene Bauchtänzerin. Ihr Blick verriet, dass sie genau wusste, was gleich geschieht. Und so kam es denn ja auch.

Nun kann der Geist, wie wir alle wissen, eine merkwürdige Angelegenheit sein, *besonders*, wenn es um Sorgen um Geschehenes und Prognosen zu Künftigem geht. Dad sieht man an, dass er in dem Versuch, weitere Ekelattacken zu verhindern, wiederholt mit dem Gedanken spielt anzuhalten. Und Mom, die immer noch die Papiertücher gezückt hat, befindet sich zweifellos weiterhin in höchster Alarmbereitschaft.

In ihre Ecke im Wagen gequetscht, malt sich Halbschwester derweil mögliche Schusslinien aus, um zu eruieren, wohin sie sich am besten verzieht, um ein eventuelles erstes Vollbad in Schottland zu vermeiden. Und was meine Wenigkeit betrifft – ich schlafe. Schlafe durch, bis wir unser Fahrtziel in der schottischen Ferne erreicht haben.

Zur großen Erleichterung aller Beteiligten kommen wir irgendwann an. Während Mom und Dad den Wagen ausräumen und unsere Siebensachen ins Cottage bringen, denken wir über das Wort »Ferne« nach. Gar kein schlechtes Objekt der Betrachtung, dieses Wort! Halbschwester fällt natürlich auf, dass es ja auch in der »Fernbedienung« drinsteckt. Hier scheint es eine ganz ähnliche Bedeutung zu haben, nur dass an unserem Urlaubsort die schottische Landschaft das Unterhaltungsprogramm stellt.

Während Mom und Dad weiter auspacken, dürfen wir in den Garten hinterm Cottage. Das Erste, was uns auffällt, als wir auf den Rasen stürmen, sind die zahllosen Gerüche – viel zu viele, als dass unsere kleinen Nasen sie alle auf einmal aufnehmen könnten. Wie aufregend das alles ist! Schließlich schnappe ich mir Anfängergeist und Neugier und dampfe mit ihnen ab, um alles zu erforschen.

Zur selben Zeit versucht Halbschwester die verschiedenen Grüntöne im Garten zu zählen. Sobald sie einmal mit all ihren Krallen durch ist, gibt sie auf und stürzt sich stattdessen in Büsche und Gestrüpp. Als sie wenig später wieder auftaucht, hat sie bemerkenswerte Ähnlichkeit mit der Pflanzenabteilung eines bekannten schwedischen Möbelhauses.

Wir sind gerade erst eingetroffen, haben aber jetzt bereits Geschmack an Retreats gefunden. Wenn wir brav sind, nimmt uns Dad beim nächsten Mal vielleicht mit in das buddhistische Kloster.

Eins ist uns aufgefallen: Sobald man an einem so interessanten Ort wie diesem hier ist, geht es gleich bedeutend leichter, im Hier und Jetzt zu sein. Ob ich wohl auch auf Autopilot schalten und alles für selbstverständlich halten würde, wenn ich immer hier wäre, frage ich mich. Eigentlich ein trauriger Gedanke.

Nachdem wir uns alle so weit in unserer neuen Umgebung eingerichtet haben, ist es Zeit für einen kleinen Forschungsspaziergang mit Dad im Regen. Halbschwester ist nicht scharf darauf, nass zu werden, und hilft deshalb lieber Mom beim Auspacken unseres Futters.

Gleich zu Beginn unseres Spaziergangs falle ich in meinen alten Sturm-und-Drang-Modus zurück. Während ich nur zu gern herausfinden will, wo wir hinwollen, gehen mal wieder die Pferde des Übereifers mit mir durch. Ist das der Fall, werde ich immer einen Moment lang zurückgehalten, bevor ich erneut lostraben darf. So geht das wieder und wieder, bis ich mir schließlich bewusst Zeit lasse und mich in derselben Geschwindigkeit fortbewege wie Dad, also normalerweise eine Spur schneller als zufriedenes Bummeltempo.

Irgendwann haben wir denselben Rhythmus. Gehen im Gleichschritt. In meinem Kopf macht es plötzlich klick. Und mir wird klar, dass mein ewiger Trieb, woandershin oder um die nächste Ecke gucken zu wollen, nichts anderes bewirkt, als dass mir das eigentliche Abenteuer entgeht. Auf diese Weise komme ich nie im Hier und Jetzt an. Doch hier bin ich zum ersten Mal und jeder Schritt ist ein Schritt ins Unbekannte. Hinzu kommt: Auch Dad war noch nie hier, hat also genauso wenig Ahnung, wo's hingeht, wie ich.

Wenn man dran denkt, kann man aus so einem Spaziergang eine einzige große Meditation machen. Wichtig ist dabei nur, dass man sein Ambiente gut beobachtet und sich der Umgebung bewusst ist.

Es gibt derart vieles, was du riechen, hören, sehen und spüren kannst, dass ein solcher Spaziergang schnell zu einer richtiggehenden kleinen Natur-Doku werden kann. Soll Halbschwester doch an ihrer »Fifty Shades of Green«-Meditation weiterstricken, *ich* merke mir lieber die verschiedenen Arten von Lebewesen, die ich unterwegs wahrnehme – abgesehen von dem Menschen an meiner Seite und mir selbst, dem Hund.

Eichhörnchen zum Beispiel. Da, wo wir leben, sind sie grau. Früher hatten wir die roten; die sind dann aber erfolgreich von den grauen attackiert und schließlich verdrängt worden. Hier im ländlichen Schottland gibt es rote Eichhörnchen noch im Überfluss. Die finde ich sehr hübsch. Vielleicht könnten wir ein paar von ihnen mit zu uns nach Hause nehmen und sie im Wald hinter unserem Grundstück ansiedeln – so ähnlich, wie es die Umweltschützer mit dem Roten Milan gemacht haben.

Da, wo wir wohnen, sind die Roten Milane echt clever. Sie haben nämlich rausbekommen, dass es im Vergleich dazu, über den Feldern zu kreisen und nach totem Fleisch zu suchen, *bedeutend* mehr bringt, besagte Kreise über dem Supermarkt bei uns im Dorf zu ziehen. Die haben's echt drauf, diese Roten Milane.

Nachdem Halbschwester die Beaufsichtigung des Futterverstauens abgeschlossen hat, gesellt sie sich zu uns und erweist sich bei der meditativen Identifikation fliegender Lebensformen als äußerst hilfreich. Was hauptsächlich an ihrer Aufdeckung des Umstandes liegt, dass das große Poster im Cottage in Wahrheit nicht, wie ursprünglich gedacht, eine Speisekarte darstellt, sondern das *Who's who* der ortsansässigen Vogelwelt.

Hier für alle Ornithologie-Interessierten die Einzelheiten unserer bisherigen Beobachtungen nebst der einen oder anderen Frage:

- ein Buntspecht (im Gegensatz zu einem Einfarbspecht?)
- Spechtmeise
- Rotkehlchen
- Sperling
- Buchfink

- Kohlmeise (im Gegensatz zur Salatmeise?)
- Tannenmeise
- und natürlich unser alter Freund, der Rote Milan

Wenn man vom Teufel spricht: Auf der Suche nach totem Fleisch kreist am Himmel einer. Nicht ahnend, dass sich gerade mal acht Kilometer die Straße runter ein Supermarkt befindet. Alle oben genannten Vögel haben wir auf unserem Spaziergang allein dank Achtsamkeit und genauen Hinsehens entdeckt. Ist 'ne gute Liste. Und was die Fragen betrifft – nun, die harren bislang noch ihrer Beantwortung.

Zurück im Cottage scheint alles in Ordnung; und eigentlich könnte der Abend seinen Lauf nehmen. Halbschwester, die nach der Hälfte unseres Spaziergangs die Biege gemacht hat, ist wieder aufgetaucht und bringt als Souvenir aus dem Gebüsch eine Million stachelige Kletten mit, von denen Mom sie mittels Bürste befreien will.

Da meine Halbschwester aber nie gern gebürstet wird, nimmt sie in der Hoffnung, Mom damit zum Aufgeben zu veranlassen, ihre Verrenkungen als betrunkene Bauchtänzerin wieder auf. Wer dieses Scharmützel gewinnen wird, steht noch in den Sternen.

Am Abend kommt das heikle Thema der Schlafplatzregelung auf. Zu Hause wäre alles klar: Ich schlafe im Schaukelstuhl unten in der Küche, Halbschwester oben auf dem Treppenabsatz. Ganz einfach. Jeden Tag gleich. Übernachten wir allerdings woanders, gibt's immer ein Mordsgerangel. Und die Auswahl ist ja auch riesig.

Bevor ein zufriedenstellendes Ergebnis erzielt werden kann, muss man sich mit den Techniken, seinen Willen durchzusetzen, vertraut machen. Uns English Springer Spaniels liegen die im Blut. Und in Situationen wie dieser sind sie ausgesprochen praktisch. Auch auf die Gefahr hin, damit Spaniel-Interna auszuplaudern, möchten wir das näher erklären.

Das Problem: Alle außer uns übernachten im Schlafzimmer. Unser Ziel: auch da reinkommen.

Daheim würde die folgende Technik nicht funktionieren. In diesem Cottage hier aber ist es ein bisschen anders: Wir sind hier nicht zu Hause.

Als Mom zu Beginn des Urlaub-Buchungsprozesses unmittelbar davorstand, die Reservierung zu tätigen, bemerkte sie plötzlich unten auf dem Online-Formular den Vermerk »Hunde willkommen«. Doch im Kleingedruckten stand dann auch noch: »Möchten Sie eine Haftpflichtversicherung für Ihren Liebling abschließen?« Mom schaute zu mir runter, und ich erwiderte ihren Blick mit meiner schönsten Engelsmiene. Woraufhin sie lächelte und offenbar so etwas dachte wie: »Nö, das wird wohl nicht nötig sein.« Gerade als sie das »Nein«-Kästchen anklickte, kam Halbschwester in die Küche spaziert. Mit der Fernbedienung im Maul. Und in Begleitung ihres üblichen boshaften Grinsens. Dabei hatte sie das Timing einer Meister-Manipulatorin drauf.

Das Problem mit der Versicherung ist nun also aus dem Weg geschafft. Was ein wichtiger Teil des Plans war. Ich habe für die Bestätigung gesorgt, dass schon nichts passieren wird, Halbschwester hat den Zweifel gesät. Bei Mom macht sich nun das »Und was, wenn doch?«-Syndrom bemerkbar. Das von entscheidender Bedeutung ist, damit wir unseren Willen kriegen. Was es damit auf sich hat, erklären wir gleich.

Nachdem sich Mom gegen die Hunde-Haftpflichtversicherung entschieden hat, ist es nun wichtig, dass ihr alles Mögliche in den Sinn kommt, was wir Spaniels anrichten könnten. Außerdem sollte sie unbedingt an den ganzen Mist denken, den wir im Laufe der Zeit schon gebaut haben. Einfach nur, um der Sache mehr Nachdruck zu verleihen. Und was das betrifft, hat das zeitgerechte Erscheinen von Halbschwester echt den Sack zugemacht. Nun noch der geringste Hinweis darauf, dass wir Übles im Schilde führen könnten, und bei Mom bleibt kein Knopf ungedrückt – von Nervosität gepackt, wird sie alle unsere Forderungen erfüllen.

Schnellvorlauf zur heutigen Zubettgehenszeit. Sie sind im Schlafzimmer. Wir nicht. Mom ist allerdings noch auf. Höchstwahrscheinlich wälzt sie alle möglichen Probleme und fragt sich, ob wir wohl schon schlafen. Perfekt. Wie die Safe-Knacker-Profis versuchen wir die Situation einzuschätzen. Halbschwester gibt das Signal und ich trete zur Seite, denn sie ist hier die Meisterin und ich bin bloß die Azubine.

Am Anfang unseres listigen Plans steht ein subtiles Winseln, laut genug, um Mom wissen zu lassen, dass wir vor der Tür und wach sind. Das gibt ihr zu denken. Danach brauchen wir nur noch über den Teppich zu kratzen, zu heulen wie ein Werwolf, und schon sind wir drin. Das war einfach!

Ich schlafe gern unter dem Bett. Halbschwester streckt sich am liebsten mitten auf der Daunendecke aus wie die Königin von Saba (wer immer das sein mag). Nun, da wir es alle hübsch bequem und warm haben, setzt sie zum Abschluss des Tages an, ein Gedicht zu rezitieren, das sie irgendwo im Cottage gefunden hat und das gut zu ihrer Shades-of-Green-Meditation passt:

> *Stell dich stolz hin in all deiner Größe*
> *Geh ruhig ein Risiko ein*
> *Erinnere dich deiner Wurzeln*
> *Trink viel Wasser*
> *Sei mit deiner natürlichen Schönheit zufrieden*
> *Und genieß die Aussicht*
> ILAN SHAMIR

TAG 2

Aus unserem Schlummer geweckt werden wir vom Klatschen der Regentropfen an die Fensterscheibe und vom lauten Gesang der Vögel. Direkt vor dem Schlafzimmerfenster hängt nämlich ein Futterhäuschen und Dad hat sich am Vorabend noch die Mühe gemacht, es aufzufüllen. Doch dem Lärm nach zu urteilen, dürfte eine ganze Wagenladung Vogelfutter nötig sein, um die Bande da draußen die Woche über satt zu bekommen.

In Anbetracht der fantastischen Aussicht, die ich aus dem Fenster habe, und all des Gewusels da draußen beschließe ich, als morgendliche Übung eine »Sehmeditation« durchzuführen.

Ich nehme mir etwas Zeit zum Ankommen, bevor ich mich auf das Vogelhäuschen draußen konzentriere und alles wahrnehme, was sich von einem Moment zum nächsten entfaltet. Wie es mir die zahlreichen Meditationslehrkräfte (Dad eingeschlossen) aufgetragen haben, deren Stimmen an meine Ohren gedrungen sind, besinne ich mich darauf, dass ich meine Gedanken jederzeit zurückholen kann, sollte mein Geist zwischendurch abwandern, speziell wenn er zum Frühstück driftet.

Alle Vögel von der gestrigen Liste tauchen auf – das heißt alle außer dem Roten Milan. Sollte der sich bemerkbar machen, würden mit einem Schlag alle im Haus munter sein.

Besucher ohne Flügel haben wir auch: eine Feldmaus, eine Wühlmaus und eine große, fette Ratte. Natürlich ist mir klar, dass wir ohne jede Voreingenommenheit an die Meditation herangehen müssten. Aber mir fällt auf, dass sich die Gedanken, welche die Ratte in mir auslöst, von denen unterscheidet, die sich um die anderen Lebewesen drehen. Will heißen: Ratten kann ich nicht leiden.

Dad hat ja empfohlen, mit Dingen zu üben, die uns missfallen. Daran muss ich jetzt denken und schicke widerstrebend gütige und mitfühlende Gedanken an die Adresse der Ratte und ihrer gesamten Familie – die auch gerade anmarschiert kommt.

Meine Morgenmeditation erweist sich als überaus faszinierend und entwickelt sich in viele interessante Richtungen. Was meine Aufmerksamkeit dabei am meisten erregt, ist das Wunder der Natur in voller Aktion. Beispiel: Nahrungsmittelausgabe. Ein rotes Eichhorn trifft am Futterhäuschen ein und verteilt in seiner ganzen Aufregung volle Kanne Körner und Nüsschen querbeet vor dem Schlafzimmerfenster.

Nach diesem Stunt gucken Rotkehlchen, Maus sowie die gesamte Rattenfamilie zu Boden und glauben, es sei Weihnachten. An Nüsschen sind sie bislang ja nie herangekommen. Doch, dem roten Eichhörnchen sei Dank, sind nun alle superhappy und schlagen sich die Wänste voll. Apropos. Wie ich gerade bemerke, ist Halbschwester neben mich getreten. Sie hat noch kein Frühstück gehabt und sieht aus dem Fenster, als hätte sich das Vogelhäuschen in den örtlichen Take-away verwandelt. Zeit, Dad zu wecken, finde ich.

Den Rest des Tages über gehen wir viel in der schönen Landschaft spazieren. Und der einzige Dämpfer, den unsere Begeisterung erhält, ist der ganze Regen, der offenbar beschlossen hat, uns zu begleiten.

Meine Gefährtin beobachtet, dass Farne, Pflanzen und Bäume leuchtender wirken, wenn es regnet, als hätte jemand ihren Stecker eingestöpselt und sie angeknipst. Noch etwas ist ihr aufgefallen: nämlich dass es aussieht, als würden die Farne tanzen, wenn die Regentropfen aus den Bäumen auf sie fallen. Ich glaube, damit hat sie recht. Genau wie mit ihrer Beobachtung, dass sich Wasser aus Pfützen besser trinken lässt als das aus der Leitung.

Im weiteren Verlauf des Tages verfallen wir zunehmend unserer neuen Retreat-Routine: Gehmeditation, Schlafmeditation, Gehmeditation, Schlafmeditation, (Fr)Essmeditation, Schlafmeditation. Na, du verstehst schon.

Am Abend spielt Mom keine Sekunde lang mehr mit dem Gedanken, uns den Zugang zum Schlafzimmer zu verwehren. Aufgrund ihrer menschlichen Konditionierung und dank dem psychologischen Geschick von Halbschwester ist sie jetzt voll programmiert und auf Autopilot. Nun fehlt eigentlich nur noch, dass sie uns mit Decken und Wärmflaschen versorgt.

TAG 3

Zu unserer großen Überraschung hat sich die Sonne heute durchgerungen, uns ihre Aufwartung zu machen. Das hat dazu geführt, dass die Pfützen verschwunden sind und alles zwar farbenfroh ist, aber weniger strahlt. Der Regen hat die gesamte Flora zum Leuchten gebracht, doch jetzt wirken die Pflanzen eher, als hätten sie auf Energiesparlampen umgestellt. Tagsüber bleibt es überwiegend sonnig, abgesehen von gelegentlichen Schattenschüben, wenn alles einen Moment lang finster wird und es kurz regnet.

Halbschwester leidet heute leider unter Entzugserscheinungen und hat sich mangels Vorhandenseins einer Fernbedienung einen großen Stein geschnappt, der normalerweise dazu dient, die Tür zur Waschküche offen zu halten. Das Problem ist nur: Sobald sie ihn aufnimmt, muss sie anschließend gerettet werden, weil die Tür hinter ihr zufällt und sie in der Waschküche gefangen ist.

Heute hat Halbschwester einen schlechten Tag erwischt. Nun, dass gerade jetzt Schwierigkeiten auftreten, passt genau zu dem, was Dad Mom immer über seine Schweige-Retreats erzählt. Wie er meint, kommt man dabei nämlich nach einer Weile ins Trudeln und würde am liebsten wieder heimfahren; das geht dann aber auch wieder vorbei und man hat das Gefühl, noch Wochen bleiben zu können.

Ich kann mir gut vorstellen, dass dieses ganze Meditieren, Reflektieren und Nicht-Sprechen nach einer gewissen Zeit ganz schön nervig wird. Auf der anderen Seite: Welche bessere Gelegenheit könnte es geben, die Arbeitsweise des Geistes zu begreifen und die Konditionierungen zu erforschen, die man sich seit der Kindheit beziehungsweise Welpenstube zugezogen hat. Womöglich erlebt man dabei auch aufschlussreiche Momente, die schließlich sogar in der Erleuchtung münden. Oder vielleicht, meint Halbschwester, könnte man auch den großen Stein fallen lassen und beleidigt abdüsen.

TAG 4

Nach einem Tag Sonnenschein ist der Regen zurück. Den Farnen scheint diese Entwicklung Spaß zu machen, denn sie tanzen wieder und machen Party. Auf unseren heutigen nassen Spaziergängen habe ich die Gelegenheit wahrgenommen und einige Betrachtungen angestellt. Regenspaziergänge eignen sich gut dafür. Außerdem kann man dabei vergessen, dass man pudel..., äh, klatschnass ist!

Unterwegs ist mir plötzlich aufgefallen, dass wir in diesem Urlaub beziehungsweise Retreat außer der Besitzerin des

Cottages noch keinen Menschen getroffen haben – und im Übrigen auch keinen anderen Hund. Da sind immer nur ich und Mom, Dad und unsere Gedanken sowie hin und wieder Halbschwester, wenn sie mal gerade nicht die beleidigte Leberwurst spielt.

Das ganze Denken hat mich dazu gebracht, über das Denken nachzudenken und speziell darüber, wo die Gedanken eigentlich herkommen. Schon komisch: dass sie plötzlich einfach da sind. Aus heiterem Himmel aufschlagen, ganz ohne Einladung. Und noch etwas ist mir aufgefallen: Wenn man einen von ihnen loswerden will, verschwindet er womöglich, kommt aber meistens wieder und hat dann sogar einen ganzen Haufen Kumpel mit im Gepäck. Was in aller Regel ein Riesentheater nach sich zieht.

Passend zu meinen Überlegungen zum Thema Nachdenken dreht sich meine heutige Meditationsübung um die Beobachtung von Gedanken. Das geht natürlich nicht allzu lange, tätest du das nämlich den ganzen Tag über, würdest du schlussendlich denken, du wärst total übergeschnappt.

Eines kann ich sagen: Bisher hat die Übung jede Menge Gedanken übers Denken und die Beobachtung der Gedanken an die Küste gespült. Du siehst also: Mit diesem ganzen Zeug musst du arg vorsichtig sein, sonst denkst du dich nämlich noch dumm und dämlich.

Um der Gefahr zu entgehen, dass ich mich überdenke, besinne ich mich kurz auf die Theorie, von der mir Kollege Bücherschrank letzte Woche berichtet hat. Die ging, wenn ich mich recht erinnere, in etwa so: Gedanken sind keine Fakten, auch die besonders trickreichen nicht, die dir vorgaukeln, sie wären welche. Außerdem bist du auch nicht identisch mit deinen Gedanken. Vielleicht fragst du dich jetzt: »Ja, aber was sollen diese Mistdinger denn sonst sein?« Nun, einfach mentale Ereignisse, die dir in den Kopf kommen und nach einer Weile auch wieder abzischen.

Gedanken entstehen und ziehen vorbei wie Wolken am Himmel. Oder huschen wie Eichhörnchen die Bäume hoch. Beziehungsweise im Falle von Halbschwester wie durch Bisse auf die Fernbedienung angesteuerte TV-Kanäle.

Manche dieser Gedanken kommen mehr als einmal auf, insbesondere solche, die sich um Spaziergänge oder Futter drehen. Andere sind ganz schön furchterregend und überfallen einen, wenn man es am wenigsten erwartet. Der Kollege Bücherschrank hat mir allerdings erklärt, dass eigentlich nicht der Gedanke als solcher Probleme verursacht, sondern das, was wir mit ihm anstellen.

Einige Gedanken machen uns glücklich, andere traurig; und dann gibt es noch welche, die uns gleichgültig sind. Auf meine versuche ich gut aufzupassen – weil ich über all die, die sich unverlangt eingestellt haben, ganz meinen hübschen Spaziergang und die tanzenden Farne vergessen habe. Es ist wohl Zeit, mich ihnen wieder zuzuwenden.

TAG 5

Wie uns der Buddha wissen lässt, leiden wir, weil wir uns Dinge anders wünschen, als sie sind. Und verdammt recht hat er damit! Mir stinkt's total, dass ich stinke wie ein muffiger Bettvorleger wegen des ganzen Regens. Doch das miese Wetter hält Dad partout nicht davon ab, mit uns spazieren und auf Erkundungstour zu gehen. Genauso wenig, wie es den Farnen ihr Feiern und Tanzen vermiesen kann.

Wie zur Bestätigung der gestrigen Meditation übers Kommen und Gehen von Gedanken ist jedwede Anmutung von stinkenden, muffigen Bettvorlegern in dem Moment sofort vergessen, in dem es aufhört zu regnen. Vergänglichkeit eben, denn nichts währt ewig – und zugleich eine Lektion in Sachen Geduld.

All meinen vorherigen Gedanken zum Trotz rieche ich ausschließlich nach English Springer Spaniel. Auch die Laune von Halbschwester scheint unbeständig zu sein, denn jetzt schließt sie sich unserem Ausflug an, begleitet von Mom.

Der Gedanke, dass alles vergänglich ist, macht mich traurig, kommt aber auch gerade rechtzeitig, um mir vor Augen zu führen, dass wir die Geschehnisse des Hier und Jetzt nicht achtlos an uns vorbeiziehen lassen, sondern sie voll auskosten und jeden Augenblick genießen sollten. Halbschwester ist momentan voll im Vorwärts-Modus und will den Spaziergang, wie es ihre Art ist, unbedingt anführen. Da sie die Figur einer dicht behaarten Planierraupe hat, gibt es auch keine Chance, ihr Einhalt zu gebieten.

Mom, von Halbschwester an der Leine hinterhergezogen, gerät in Gefahr, ihre Vergänglichkeit zu manifestieren. Wir werden alle ausgeschimpft, ich wegen meiner Beteiligung an dem imaginären Wettrennen und Dad, weil er gelacht hat. Da jedoch im großen Weltenplan auch dieses Ausgeschimpft-Werden unbeständig ist, kommen wir zu dem Ergebnis, dass wir genauso gut alles noch einmal so tun können wie eben gerade.

TAG 6

Heute ist unser letzter ganzer Urlaubstag, bevor wir morgen die Heimreise antreten. Zugleich steht uns die letzte Nacht im Schlafzimmer bevor. Es sieht also ganz so aus, als sei auch der Luxus vergänglicher Natur. Andere Beispiele für Unbeständigkeit sind das Fallen der Blätter von den Bäumen, das auf die derzeitigen starken Winde zurückgeht, sowie der Umstand, dass inzwischen der Großteil des Essens verschwunden ist. Was zur Folge hat, dass Dad in die nächstgelegene Stadt fahren muss, um die Vorräte aufzufüllen. Den Vorrat an Nahrungsmitteln übrigens, nicht den an Laub.

Beim Weg zum Supermarkt handelt es sich, wie bereits erwähnt, um eine Strecke von acht Kilometern. Und wir hoffen, dass der Rote Milan, unser alter Kumpel, aus lauter Langeweile beschließt, Dad zu begleiten.

All die Zeit, die wir mittlerweile hier auf dem Land mit Meditation und stiller Betrachtung verbracht haben, hat dazu geführt, dass Halbschwester mir heute voll auf die kontemplative Tour kommt. Zum Teil mag das an einem Buch über Karma und Reinkarnation liegen, das im Cottage aus einem Bücherregal (nicht verwandt mit Kollege Bücherschrank) und ihr auf den Kopf gefallen ist. In Ermangelung einer Fernbedienung, die sie hätte klauen können, hat sie das Thema seither übergrübelt.

Was folgt, ist die *Theorie von Karma und Reinkarnation, wie Halbschwester sie sieht*: Wer Gutes tut, dem widerfährt auch Gutes. Ergehen wir uns jedoch in zweifelhaften Aktivitäten, entsteht daraus nichts Gutes. Überdies können wir in jeder nur möglichen Gestalt wiedergeboren werden.

Welcherart Wesen wir bei der Reinkarnation sein werden, hängt nicht nur davon ab, wie wir uns in diesem Leben verhalten, sondern auch von unseren Taten in den vorhergehenden.

Halbschwester hat alle zweifelhaften Dinge zusammengezählt, die sie je getan hat, und sieht jetzt einigermaßen schwarz für sich: Momentan steht es 5 : 4 für die Wiedergeburt als Mistkäfer und 13 : 8 für Katze. Wobei sich das Verhältnis ständig ändert, von einem Moment zum nächsten. Alles in allem kommt sie zu dem Schluss, dass sie keine Minute mehr zu verlieren hat und deshalb am besten gleich ein ganz neues Kapitel aufschlägt. Bei ihr dreht sich jetzt *definitiv* alles um Schadensbegrenzung.

Kein Zweifel: Halbschwester nimmt diese Reinkarnationsgeschichte sehr ernst; denn bei unserem nächsten Spaziergang stolziert sie einher wie die besten Poser bei der Crufts – ohne auch nur eine Spur von Vorwärtsdrang. Mom, die auf die schlaff am Boden zuckelnde Leine hinabschaut, ist verwundert und glaubt schon, Halbschwester sei abgehauen. Diese macht später am Abend Mom den großen Stein aus der Wäschekammer zum Geschenk. Angesichts dieser unerwarteten Entwicklung ist Mom so geschockt, dass sie eine Flasche Wein aufmacht.

Nun hat sich Halbschwester zwar alle Mühe gegeben, mir das Thema Karma und Reinkarnation in all seiner Komplexität zu erklären; die Versuche, die sie unternommen hat, um ihre Lage zu verbessern, scheinen mir allerdings doch in die Hose gegangen zu sein. Jedenfalls habe ich ein Gespräch zwischen Mom und Dad mitgehört, in dem gesagt wurde, wie verquer sie sich verhalte und dass sie unmittelbar nach der Heimkehr zur Tierärztin müsse (nein, schlimmer noch: zur *Psychologin* für Vierbeiner!). Eventuell brauche sie eine VTH (Verhaltenstherapie für Hunde). Das nenne ich mal: So was kommt von so was.

Um als Mensch wiedergeboren zu werden, muss man allem Anschein nach eine Menge Gutes tun. Nur werden das Verhalten von Spaniels und seine Auswirkungen in dem Karma-Buch bedauerlicherweise mit keiner Silbe erwähnt. Vielleicht funktioniert es ja aber auch eher umgekehrt. Denn wenn Dad in die Kälte und zur Arbeit muss und er uns warm und gemütlich auf dem Sofa liegen sieht, sagt er oft, dass er in seinem nächsten Leben gern als English Springer Spaniel auf die Welt kommen würde. Na, das wär' doch mal lustig!

TAG 7

Heute heißt es Sachen packen und nach Hause fahren. Vorher bleibt aber noch Zeit für einen letzten Spaziergang in der herrlichen schottischen Landschaft. Ganz im Geiste unseres Schweige-Retreats nehmen wir achtsam unsere Umgebung wahr, während wir mit jedem Schritt unseren Pfoten auf dem Boden nachspüren. Da es sich um unseren letzten Urlaubstag handelt, ist das Bellen heute erlaubt.

All die Lebewesen, denen wir in der vergangenen Woche hier begegnet sind, zeigen sich uns ein letztes Mal. Und wir bedanken uns bei ihnen dafür, dass sie ihr Heim in dieser Zeit mit uns geteilt haben. Das gilt auch für die Ratten, besonders aber für den Roten Milan. Ob er allerdings den Supermarkt je gefunden hat? Keine Ahnung.

Alle Vögel auf dem Poster in der Küche des Cottages haben wir getroffen – mit einer Ausnahme. Heute aber hat sich auch diese Lücke geschlossen – in Form eines bildschönen Hähers. Dass es dazu gekommen ist, liegt an unserer morgendlichen Übung: der Dankbarkeit.

Wie leicht wir all die Dinge des Lebens vergessen, für die wir dankbar sein sollten! Auch was das betrifft, schalten wir wohl auf Autopilot, könnte ich mir vorstellen. Halbschwester ist dankbar dafür, dass sie ein English Springer Spaniel ist, und wenn ich mich auf der Heimfahrt nicht erbrechen würde, wäre sie auch dafür sehr dankbar. Ich wiederum bin dankbar, dass sie meine Halbschwester ist. Was aber das andere betrifft, kann ich leider nichts versprechen.

NACH EINGEHENDER BETRACHTUNG IM BAMBUSWÄLDCHEN

Nun, da wir wieder zu Hause sind und Zeit hatten, unsere Erfahrungen während des Schweige-Retreats zu überdenken, haben wir uns einstimmig auf folgende Schlussfolgerungen geeinigt.

Allem Anschein nach haben wir sowohl ein äußeres als auch ein inneres Leben. Und es sieht ganz so aus, als würde das innere darüber entscheiden, wie wir unser äußeres Leben wahrnehmen.

Während unseres Retreats haben wir täglich meditiert. Und wie uns aufgefallen ist, hat uns das geholfen, zu entschleunigen und alles, was sich geistig und körperlich bei uns abspielt, wahrzunehmen. Diese Praxis hat sich auch auf unser Erleben und Erfahren im Außen ausgewirkt und es interessanter gemacht, was wir als beglückend empfinden.

Das alles ist aber ausschließlich aus der Spaniel-Perspektive heraus geschildert. Dafür, wie Menschen ein solches Schweige-Retreat empfinden, weisen wir jegliche Verantwortung von uns.

Halbschwester hat sich ebenfalls Gedanken über die Vorzüge einer solchen inneren Einkehr gemacht. Von ihr stammen die folgenden Beobachtungen: Demnach haben wir definitiv die Natur schätzen gelernt und wertvolle Zeit mit unseren Haltern verbracht. Auch hat uns der Urlaub insofern gutgetan, als wir unsere Batterien aufladen und Umherschweifenden Geist etwas beruhigen konnten, den kleinen

Quälgeist. Da es im Cottage kein Fernsehgerät gab, sind wir mehr spazieren gegangen, haben viel gespielt und die Gegend erforscht. Wir waren mehr im Hier und Jetzt und konnten deshalb unseren Urlaub und das Retreat umso mehr auskosten und genießen.

PS: Dad kommt gerade aus der Werkstatt zurück. Der Wagen hat nämlich auf der gesamten Heimfahrt so komische Geräusche gemacht. Zum Glück dürfen wir mitteilen, dass mit dem Auto alles in Ordnung ist. Allerdings hat Dad eine Rechnung erhalten. Und einen großen Stein haben sie ihm in der Werkstatt auch mitgegeben.

Das Leben besteht aus mehr als
Fernbedienungen und Im-Kreis-Umhertänzeln.
HALBSCHWESTER

6

REINKARNATION – WIR SIND SCHON MAL HIER GEWESEN, DA BIN ICH MIR GANZ SICHER ...

Wir alle haben wohl schon das Gefühl kennengelernt, das uns gelegentlich überkommt, als wäre etwas schon lange, lange vorher gesagt und getan worden, als hätten wir in altersgrauer Zeit dieselben Gesichter, Gegenstände und Verhältnisse erlebt ...
CHARLES DICKENS

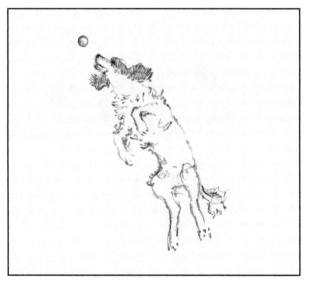

Da wegen der Naturwissenschaftsstunde meiner Halbschwester der Fortgang der Ereignisse kurzzeitig unterbrochen ist, beschließe ich, mich mit meinem alten Freund dem Tennisball in den Garten zu begeben.

Nach einer spontanen Eingebung, die sich bei Halbschwester einstellte, als ihr das Buch über Reinkarnation und Karma auf den Kopf gefallen ist, empfanden wir es als angebracht, uns genauer mit der Thematik auseinanderzusetzen. Und haben mit der Reinkarnation angefangen.

Doch bevor wir uns mit den Äußerungen des Buddhas zu dieser Materie befassen, sollten wir vielleicht erst einmal hören, was Halbschwester heute Morgen auf der Treppe von sich gegeben hat. Wobei man beachten muss, dass die Folgen ihres Schädeltraumas noch nicht ganz abgeklungen sind.

»Wenn du daran denkst und die Mühe nicht scheust, hast du allmorgendlich gleich nach dem Aufwachen die Chance, als besserer und weiserer Spaniel zu reinkarnieren.« Wo sie *das* wohl herhat? Nach dieser morgendlichen Ansprache war es für sie dann aber an der Zeit, die Treppe runterzustürmen und laut bellend das Frühstück zu verlangen. Na, wenigstens das ist beim Alten geblieben.

Wie es heißt und vom Kollegen Bücherschrank, seinem vollständigen Titel nach Hüter unserer hauseigenen Handbibliothek, bestätigt wird, hat der Buddha 84 000 Lehrreden hinterlassen. Die waren für jedermann geeignet – vom armen Bettler bis hin zum reich begüterten König.

Jedoch weiterhin mit keiner Silbe erwähnt werden Lehrreden, die sich speziell an Hunde richten. Führst du dir das vor Augen, hast du die Wahl: Du kannst dich auf schnellstem

Weg in die Bücherei begeben, die 84 000 Lehrreden überfliegen und dir selbst ein Urteil in Sachen Reinkarnation bilden, oder du liest dieses Kapitel einfach weiter und erhältst die Version für English Springer Spaniel. Die Entscheidung liegt ganz bei dir.

Nachdem das Frühstück serviert worden ist, erklärt mir Halbschwester, die in einer sehr philosophischen und nachdenklichen Stimmung aufgewacht ist, sie sei nicht mehr dasselbe Spaniel-Mädchen wie bei ihrer Geburt und ebenso wenig das von letztem Jahr oder auch gestern Abend. Da sogar Kollege Bücherschrank etwas verwirrt dreinschaut, bitte ich sie, das näher zu erläutern. Aussehen tut sie für unsere Begriffe nämlich total wie unsere Gefährtin von gestern. Ihr Verhalten allerdings scheint mir tatsächlich nicht dem zu entsprechen, das ich von meiner Halbschwester gewohnt bin.

Kollege Bücherschrank und ich können ihr gedanklich folgen, als sie fortfährt, uns zu erklären, das alles sei zwar anfänglich sehr verwirrend gewesen. Dann aber hätten sich die vielen Stunden der stillen Einkehr im Bambuswäldchen mehr als ausgezahlt.

Der Theorie zufolge scheinen Menschen *unentwegt* wiedergeboren zu werden. Und zwar, weil ihre Zellen ständig durch neue ersetzt werden. Selbst wenn sie sich also für die immerzu Gleichen halten, sind sie tatsächlich nicht mehr die, die sie gestern Abend, letzte Woche oder vor einem Monat waren. Das ist genauso wie mit dem Universum: Alle Atome und Moleküle verändern sich unablässig, regenerieren sich und werden wiedergeboren. Und da wir alle Kinder des Universums sind, muss dasselbe auch für uns English Springer Spaniels gelten.

»Um also meine Aussage von vorher noch einmal zu bekräftigen: Ich bin nicht mehr dasselbe Spaniel-Mädchen, als das ich im Lake District geboren wurde; ich bin nicht mehr dieselbe Spaniel-Lady, die ich letztes Jahr oder auch nur gestern Abend war. Und morgen werde ich ein weiteres Mal wiedergeboren.« Mit diesen Worten trottet sie in die Küche und überlässt den Kollegen Bücherschrank und mich unserem verwirrtesten Stirnrunzeln. Nach einigen Minuten unterbricht jener die Stille, indem er in großer Hektik erklärt: »Lass uns ins Internet gehen – wir brauchen dringend neue Bücher. Und zwar schnell!«

Ein paar Tage später kämpft sich der Bote vom Lieferdienst mit einem großen Karton die Treppe hoch. Darin befinden sich Bücher über Quantenphysik, das Universum, Wiedergeburt und Holzarbeiten.

Offenbar beherzigt Kollege Bücherschrank die Theorie von Halbschwester und ist momentan zu beschäftigt, um mit uns zu sprechen. Da wegen der Naturwissenschaftsstunde meiner Halbschwester der Fortgang der Ereignisse kurzzeitig unterbrochen ist, beschließe ich, mich mit meinem alten Freund dem Tennisball in den Garten zu begeben. Das Bambuswäldchen ist zurzeit verwaist. Die perfekte Gelegenheit also für ein entspanntes Nachdenkerchen.

Gerade betrachte ich meine Halbschwester beim Recyclen ihres Frühstücks, als mir die Erkenntnis buchstäblich auf den Kopf fällt. Also genauer gesagt, ein Blatt, ein sehr hübsches orangefarbenes Blatt. Aber ich weiß schon, dass die Farbe nicht lang bleibt. Das Blatt ist vom Baum gefallen, weil seine Zeit abläuft. Erst wird es weich und feucht, dann verschwindet es in der Erde, wo es ursprünglich auch herkommt. Nächstes Frühjahr wird es wieder sprießen. So entspricht es dem Gesetz der Natur: Es mag anders aussehen, seinem Wesen nach aber handelt es sich immer noch um ein Blatt.

Nach all diesen Betrachtungen ist es Zeit für einen kleinen Schlummer im Bambuswäldchen. Gerade will ich die Augen schließen, da sehe ich noch, wie Halbschwester mir zublinzelt. Interessant.

Etliche Wochen später verlässt Kollege Bücherschrank endlich seine frei gewählte Klausur, um zu verkünden, er hoffe, dass er nicht als Geräteschuppen wiedergeboren wird, sondern als Stadtbibliothek. Dass es so kommen wird, hält er im Übrigen für höchst wahrscheinlich, schließlich sei er schon sein ganzes Leben lang ausschließlich damit beschäftigt, anderen zu helfen und sie zu unterstützen. Das lassen wir mal so stehen.

Aber zurück zu den Aussagen des Buddhas über diese ganze Geschichte mit Reinkarnation beziehungsweise Wiedergeburt. Zunächst einmal sind die Nachrichten einigermaßen trostlos. Denn es sieht tatsächlich ganz so aus, als stünde uns allen über kurz oder lang das Aus bevor. Statt uns davon nun aber runterziehen zu lassen, sollten wir es lieber als Teil des natürlichen Prozesses von Geburt, Alter und Tod betrachten. Wir sollten uns stets an die Vergänglichkeit des Lebens erinnern, an das orangefarbene Blatt, das auf meinem Kopf gelandet ist.

Eines dürfen wir jedoch auch nie vergessen: Hier geht es nicht um das Ende des Lebens, sondern nur um das des Körpers. Der Geist bleibt, und wir bekommen einen neuen Körper mitsamt einem neuen Leben. Welcher Art dieser Körper und dieses Leben sein werden, hängt vom Karma ab, also von den Folgen unseres früheren Verhaltens. Fazit: Wir sollten das Aus nicht fürchten, denn in der einen oder anderen Form kommen wir garantiert zurück.

Halbschwester, die eine Zeit lang ziemlich ruhig war, verkündet plötzlich von oben auf der Treppe aus ihre Sicht der Dinge:

»Irgendwann müssen wir alle dran glauben. Sich was anderes vorzumachen hat also gar keinen Sinn. Aber wir kommen zurück, denn alles geht vorüber. Die Frage ist nur: Als was kommen wir zurück? Das jedoch liegt im Ermessen der Götter (Karma).«

Den buddhistischen Texten zufolge erhielt der Buddha in der Nacht, in der er zur Erleuchtung gelangte, auch die Fähigkeit, sich an alle seine vorherigen Leben zu erinnern, selbst an Einzelheiten wie seinen Namen und Beruf. Das ist eine echt coole Nummer, zumal es heißt, er habe sich an *unendlich vieles* erinnert.

Als Halbschwester davon hört, macht sie sich Sorgen wegen der Katzen und denkt dabei vor allem an den roten Kater von nebenan und seine Kumpel. Die könnten hierbei womöglich bescheißen, denkt sie. Denn angeblich haben die ja von vornherein sieben Leben – hier bei uns in England spricht man sogar von *neun* Leben. Wie sich das wohl in Sachen Reinkarnation auswirkt?

Die Einstellung meiner Halbschwester Katzen gegenüber ist durch diese Enthüllung nicht gerade milder geworden. Denn jetzt traut sie ihnen nicht einmal mehr nach dem Tod über den Weg. Und da wir schon mal bei echt coolen Nummern und Katzen sind: Die landen ja bekanntlich immer auf ihren Pfoten. Und das kann doch nicht normal sein, oder? Wenn nur der Buddha noch da wäre, um sich darum zu kümmern. Oder wenigstens Rechte Nervensäge, die hätt's bestimmt gewusst.

Der Buddha hat übrigens auch gesagt, dass wir, um seine Lehren befolgen zu können, nicht unbedingt an die Wiedergeburt glauben müssen. Wir sind allerdings der Auffassung: Wenn *er* davon überzeugt war, glauben wir ihm. Das passt auch gut zu seiner Aufforderung, wir sollten alles so lange infrage stellen, bis wir selbst davon überzeugt sind. Ein wirklich weiser Mann, echt jetzt mal!

Kommen wir von Buddhas Ratschlag, alles infrage zu stellen, zum Kollegen Bücherschrank, der uns jetzt die *Quantentheorie des Bewusstseins* zu erklären versucht. Der zufolge existiert unser Bewusstsein beziehungsweise unser Geist in einer Sphäre jenseits der dreidimensionalen Realität, die wir wahrnehmen können.

Doch statt Neugier und Interesse bei ihr zu erzeugen, vermag dieses Statement Halbschwester lediglich ein großes Stirnrunzeln zu entlocken, gefolgt von einem noch gewaltigeren Gähnen. Unbeirrt quatscht Kollege Bücherschrank weiter. Unser Körper erfährt eine Übertragung, einem Radioempfänger vergleichbar, der eine Sendung empfängt. Bei diesen Übertragungen handelt es sich um unsere eigenen Gedanken, Gefühle und Vorstellungen. Für unser Empfinden kommt das alles aus unserem Körper. Aber das ist genauso, als würde man behaupten, die gesamte Musik werde im Radioempfänger gespeichert. Demnach entstehen diese Gedanken, Gefühle und Vorstellungen also nicht direkt in unseren Köpfen, sondern entstammen jener Sphäre, in der der Geist angesiedelt ist.

Plötzlich überrascht uns Halbschwester, die der Erklärung des Kollegen Bücherschrank konzentriert gelauscht hat, mit der Mitteilung, das alles habe sie längst gewusst. Was wohl darauf zurückzuführen ist, dass sie manchmal mit Dad zusammen die Übertragung eines Fußballspiels im Radio hört. Bei ihr klingt das alles supersimpel. Denn wie könnten 52 000 Zuschauer, zwei Mannschaften, ein Schiri, ein Ball und die ganzen Halbliter-Pappbecher mit Bier schon alle in den winzigen Kasten passen, ganz zu schweigen von den vielen Würstchen mit Brot und Senf. Dass unter diesen Umständen der Kommentar von woanders kommen muss, liegt doch eigentlich auf der Hand. Bevor Kollege Bücherschrank mit aller Begeisterung weitersprechen kann, setzt Halbschwester zu einer Zusammenfassung an. Das Radio geht kaputt, trotzdem spielen die Fußballer weiter. Also besorgen wir uns ein neues Radio und schalten wieder das Spiel ein. Der Körper stirbt, das Signal aber wird weiter übertragen – wir erhalten einen neuen Körper und Bingo: auf ein Neues …

Zur großen Enttäuschung des Kollegen Bücherschrank scheint die Unterhaltung damit beendet. Mit dem Schnelldurchlauf der Quantentheorie, in halsbrecherischem Tempo durchgezogen, aus der Sicht einer English-Springer-Spaniel-Lady. Buddhas Ratschlag entsprechend, würde ich dringend empfehlen, diese Erklärung gründlich infrage zu stellen.

Der Plan von Halbschwester, viel gutes Karma anzusammeln, der bei ihr von dem dringenden Wunsch befeuert wird, sich in Zukunft bloß nie irgendwelchem Katzenzeugs widmen zu müssen, scheint eine gute Idee zu sein.

Den Lehren des Buddhas zufolge können wir nach dem Tod in einem von sechs Daseinsbereichen wieder auftauchen. Diese Bereiche haben alle höchst merkwürdig klingende Namen, die uns Kollege Bücherschrank freundlicherweise mithilfe des Pali-Sprachlernbuches fürs Selbststudium übersetzt, das Dad einmal gekauft, dann aber auch schnell wieder vergessen hat. Pali, musst du wissen, ist eine Sprache, die zu Lebzeiten des Buddhas gesprochen wurde.

Zunächst wäre da der (himmlische) Bereich der Götter oder *Deva*, in dem sich verschiedene nicht-menschliche Wesenheiten aufhalten, die im Allgemeinen ein längeres Leben haben, mächtiger und generell glücklicher sind als die Menschen. Das klingt sehr interessant. Wir Spaniel sind nämlich auch keine Menschen und im Allgemeinen viel glücklicher als diese.

Des Weiteren gibt es den Bereich der eifersüchtigen Halbgötter, genannt *Asura* oder auch Titanen, in dem es offenbar ziemlich furchterregend zugeht. Diese Asuras besitzen angeblich drei Köpfe mit je drei Gesichtern und vier oder sechs Arme. Mehr muss man dazu wohl nicht sagen.

Im nächsten Bereich haben wir die Menschen, die *Manusya*. Dabei sollte man wissen, dass Manusya ein ganz besonderer Status ist. Weil nämlich die Menschen zur Erleuchtung gelangen können. Allerdings stellen die Menschen im Buddhismus nur eine von vielen Arten fühlender Wesen dar oder, anders ausgedrückt, Wesen, die einen Geistesstrom innehaben, eine Kontinuität des Bewusstseins.

In einem weiteren Bereich sind *wir* angesiedelt, die Tiere alias *Tiryak*. Diese bewohnen die Meere; die meisten jedoch leben an Land. Sie fristen ihr Dasein im Wasser, auf Bäumen oder, wie wir, im Haus (speziell auf dem Sofa).

Im nächsten Bereich finden sich die sogenannten hungrigen Geister oder *Preta,* und die sind, scheint's, besonders gruselig und unangenehm, mit extra vielen Köpfen, Gesichtern und Armen. Hierbei handelt es sich um übernatürliche Wesen, die noch weit mehr Leiden ertragen müssen als die Menschen, insbesondere größeren Hunger und Durst – deshalb auch die Bezeichnung »hungrige Geister«.

Dass sie in diesem Bereich landen, liegt daran, dass sie im vorherigen Leben verlogen, korrupt, triebgesteuert, hinterlistig, eifersüchtig oder habgierig gewesen sind. Mit der Folge, dass sie nun einen unersättlichen Hunger auf bestimmte Substanzen oder Objekte haben. Stell dir nur mal vor, es wäre täglich Halloween, aber du würdest nie genug Schokolade kriegen können.

Für das menschliche Auge sind die hungrigen Geister unsichtbar. Zudem werden sie als menschenähnlich beschrieben, jedoch mit mumifizierter Haut, rappeldürren Gliedmaßen, enorm dicken Bäuchen und langen, dünnen Hälsen. Die Blähbäuche, weil sie immer hungrig sind, die Langhälse, weil sie den Hals nie voll genug kriegen. Igitt! Sehen offenbar aus wie die Kreuzung aus einem Giraffenmännchen mit einer schwangeren Orang-Utan-Dame. Dafür gibt es bestimmt auch einen Namen, den kennen wir aber nicht. Vielleicht sollten wir mal die Sprocker-Braut unten am Fluss fragen – unsere lokale Expertin für Hunde-Kombinationsmöglichkeiten, die selbst halb Cocker und halb English Springer Spaniel ist.

Kommen wir schließlich zum letzten der sechs Daseinsbereiche, in dem die Bewohner der Hölle, genannt *Naraka*, residieren. Hier geboren zu werden, ist die unmittelbare Konsequenz früherer Taten (das berühmte Karma). Und hier verbleibt man unfassbar lang – genauer gesagt Hunderte von Jahrmillionen. Irgendwann wird man dann ein paar Stufen höher auf der Leiter wiedergeboren, aber wie gesagt: Das dauert. Ungefähr so lange, wie Dad schon darauf wartet, dass seine Fußballmannschaft mal irgendeine Meisterschaft gewinnt.

Die Geschichte mit der Reinkarnation ist definitiv reichlich kompliziert. Trotzdem versuchen wir sie jetzt mal so gut zu erklären, wie wir nur können: Die Wiedergeburt hängt vom Karma ab; gutes Karma führt in aller Regel in die angenehmen Daseinsbereiche, schlechtes in die üblen, zwielichtigen.

Das Endziel aller Bemühungen lautet zwar Erleuchtung, aber selbst um nicht in den niederen Daseinsbereichen zu landen, braucht es schon eine gewisse Menge gutes Karma.

Nachdem sich Halbschwester das alles aufmerksam angehört hat, kommt sie zu dem Ergebnis, dass eine Wiedergeburt als Katze durchaus im Bereich des Möglichen liegt. Alles ist besser als eine Wiedergeburt in Gestalt eines Giraff-Utan-Mädchens mit ständigem Hunger und Durst.

DU BIST MÜDE, SO UNENDLICH MÜDE

In Übereinstimmung mit der Anregung des Buddhas, alles zu hinterfragen, machen wir uns jetzt auf, die Stichhaltigkeit der Reinkarnationstheorie evidenzbasiert zu überprüfen. Von besonderem Interesse ist das für Halbschwester, die immer noch der Theorie anhängt, sie sei womöglich der reinkarnierte Spaniel, ehemals bekannt als Rechte Nervensäge.

Nach intensiver Suche kommt Kollege Bücherschrank mit einem Artikel um die Ecke, der den Titel *Die Wissenschaft der Reinkarnation* trägt. Hört sich vielversprechend an.

Manche Menschen, so heißt es in dem Text, können sich angeblich an vorherige Leben erinnern. Interessanterweise handelt es sich bei ihnen oft um Kinder. Da wäre zum Beispiel der fünfjährige Junge, der sich daran erinnerte, einst in einem Feuer gestorben zu sein. Oder die Zwillingsmädchen, denen wieder einfiel, wie sie bei einem Autounfall ums Leben gekommen waren. In einem Fall wird sogar vermutet, dass ein Opa als sein eigener Enkel wiedergeboren wurde. Manche Leute hatten auch dieselben Muttermale wie im vorherigen Leben. Doch so faszinierend das alles sein mag, wirft es doch mehr Fragen als Antworten auf. Also suchen wir weiter.

Nach einer Weile fängt Kollege Bücherschrank an zu wackeln. Das ist immer ein Zeichen dafür, dass er auf etwas Hochinteressantes gestoßen ist. Dem Wackeln schließt sich stets eine kurze Pause an, in der er Zwiesprache mit sich hält, ob er seine Erkenntnisse kundtun oder besser für sich behalten sollte. Irgendwann lässt er zögerlich raus, er werde Halbschwester hypnotisieren. Nachdem sich ihr Knurren und Im-Kreis-Tänzeln gelegt hat, spricht er weiter. Und zwar über etwas, das *Reinkarnations-* oder *Rückführungstherapie* heißt.

Dabei handelt es sich um eine Hypnosetechnik, mit der Therapeutinnen und Therapeuten Leute in ihre vergangenen Leben zurückführen. Nach der Lektüre eines einschlägigen Ratgebers glaubt Kollege Bücherschrank, würde er das Verfahren beherrschen. Mal ehrlich: Wie schwer kann das Ganze schon sein und was kann dabei schlimmstenfalls passieren?

Zwei Tage später. Kollege Bücherschrank hat den Inhalt des Buches intus und ist nun bereit loszulegen. Da alles aufs richtige Timing ankommt, hat er beschlossen, seine therapeutische Aufgabe nach dem Mittagessen anzugehen. Zu der Zeit ist Halbschwester hoffentlich müde und wehrt sich nicht so gegen das Verfahren, wobei man auch sagen muss, dass sie ausgesprochen scharf darauf ist, Näheres über ihre vergangenen Leben zu erfahren.

Aufgrund des umfangreichen Wissens aus Filmen und Dokumentationen, das sie der Fernbedienung verdankt, hat sich meine liebe Gefährtin erkundigt, ob wir mit einer vor ihrer Nase baumelnden Taschenuhr arbeiten wollen. Im Fernsehen hat sie vor einiger Zeit gesehen, wie eine Frau mit dieser Methode hypnotisiert wurde und dann plötzlich anfing, japanisch zu sprechen. Worauf Kollege Bücherschrank entgegnet, irgendwo im Haus gebe es zwar eine solche Uhr, wir würden sie aber zum vorgesehenen Zweck nicht verwenden.

Das finde ich wirklich schade – nur zu gern hätte ich Moms Gesicht gesehen, wenn Halbschwester sie auf Japanisch anbellt. Das wäre bestimmt einer der kultigsten Momente unseres Lebens geworden.

Irgendwann sind wir alle im Esszimmer versammelt und bereit, mit der *Reinkarnationstherapie* zu beginnen. Halbschwester, die etwas ängstlich dreinschaut, scheint einem klitzekleinen Sich-im-Kreise-Drehen nicht abgeneigt. Kollege Bücherschrank trägt ihr auf, es sich bequem zu machen. Woraufhin sie sich – typisch Halbschwester – auf der Stelle in eine ihrer berühmten würdelosen Körperhaltungen fallen lässt.

Ob sich Kollege Bücherschrank das so vorgestellt hat? Wohl eher nicht. Aber jetzt ist es nun einmal so.

Mithilfe des Buches über Reinkarnationstherapie setzt unser heutiger Therapeut an, Halbschwester zu hypnotisieren. Alles beginnt damit, dass er Dads Meditationsglocke anschlägt, die wir in seinem Büro gefunden haben. Drei Klänge von ihr sind das Zeichen, dass wir angefangen haben. Der letzte Ton ist kaum verebbt, da sind schon die Worte »Du bist sehr müde, und dein Körper wird ganz schwer« zu hören.

Kollege Bücherschrank ist voll bei der Sache. Und ein Blick auf Halbschwester legt nahe, dass die Prozedur bemerkenswert schnell in die Gänge kommt, vor allem natürlich, wenn man berücksichtigt, dass Kollege Bücherschrank ja noch ganz neu in diesem Metier ist. Und weil das alles so fix geht, überblättern wir die nächsten Seiten und gehen gleich zur Hauptsache über.

Kollege Bücherschrank fordert Halbschwester auf, sich vorzustellen, dass sie in einen Brunnen fällt. Und dass dieser Brunnen all ihre vorherigen Leben enthält. Während sie tiefer und tiefer darin versinkt, soll sie auf die einzelnen Etappen der Reise achten und sich vergegenwärtigen, wer oder was sie gerade ist.

Das hört sich zwar alles sehr beeindruckend an, doch mir fällt auf, dass sich Kollege Bücherschrank, scheint's, gar nicht mehr auf das Buch bezieht. Entweder hat er also ein extrem gutes Gedächtnis, oder er fantasiert sich das alles zusammen. So oder so: Halbschwester ist total ausgeknockt und wir haben unseren Spaß dabei, also machen wir einfach weiter.

Nach etwa zehn Minuten platzt Kollege Bücherschrank plötzlich mit der Ansage heraus, es gäbe ein kleines Problem … wobei »klein« vielleicht nicht ganz das richtige Wort sei. Irgendwie sind wir vor lauter Begeisterung vom Pfad der Hypnose abgekommen und haben uns in unseren Vorstellungswelten verloren. Die Folge: Nun wissen wir nicht mehr, wie wir die Sitzung zu Ende bringen sollen. Womit wir eigentlich sagen wollen, dass wir keine Ahnung haben, wie wir den Sturz meiner Halbschwester in den Brunnen beenden können. Höchstwahrscheinlich als Halbschwester plus eine Reihe anderer Geschöpfe. Unter denen sich hoffentlich auch ein Vogel befindet.

Nach einer längeren Erörterung diverser Optionen setzen wir schließlich ganz auf Einfachheit und Kollege Bücherschrank äußert in getragenem Ton: »Nun hast du den Boden des Brunnens erreicht.« Vorsichtig schlägt er die Glocke dreimal an, dann geht er auf Abstand wie ein kleines Kind vorm Lagerfeuer.

Abgesehen von leisem Schnarchen und einem gelegentlichen Zucken ihres Leibes bewegt sich an Halbschwester gar nichts. Nach einer halben Ewigkeit öffnet sie schließlich ein Auge, und dem Kollegen Bücherschrank entringt sich ein Seufzer der Erleichterung.

Sobald sie sich aus ihrer unwürdigen Körperhaltung heraus- und auf alle vier Pfoten begeben hat, nehmen wir die Befragung der Halbschwester auf. Was allerdings überhaupt nichts bringt, weil sie sich sofort wieder umdreht und in die Küche trottet, um erst mal was zu trinken. Wir schauen hochinteressiert zu, wie das Wasser mit der üblichen Geschwindigkeit in ihrer Kehle verschwindet. So eine Reinkarnationstherapie scheint eine ausgesprochen durstige Angelegenheit zu sein.

Schließlich hält es Kollege Bücherschrank nicht länger aus und stürzt sich in eine Vernehmung, die den Neid jedes Fernsehkommissars erregen würde. Leider scheint Halbschwester von ihrer Reinkarnationsanwältin bestens gebrieft worden zu sein und antwortet einfach nur: »Kein Kommentar.« Der einzigen Information, die sie uns gibt, können wir entnehmen, dass sie mit einem Schauder aufgewacht ist und aus irgendeinem Grund Kopfschmerzen hat. Kollege Bücherschrank beschließt, es dabei zu belassen.

NACH EINGEHENDER BETRACHTUNG IM BAMBUSWÄLDCHEN

Wir sind übereingekommen, dieses Mal nur relativ kurz im Bambuswäldchen innere Einkehr zu halten. Was hauptsächlich daran liegt, dass wir nicht allzu viel über die beängstigenden Dinge rund um Reinkarnation und die Daseinsbereiche nachdenken wollen, in denen man landen kann.

Um das Ganze zu vereinfachen, wäre zu empfehlen, dass wir alle unser Bestes geben, um Gutes zu tun und das Karma anzusammeln, das nötig ist, um in akzeptabler Gestalt wiederzukommen. Und das vorzugsweise an einem Ort, der nicht übervölkert ist mit diesen langhalsigen, dickbäuchigen Dingsbumsen.

Sollte Halbschwester im Zuge ihrer Rückführung in ein vorheriges Leben irgendetwas Interessantes erfahren haben, behält sie es jedenfalls für sich. Meiner unmaßgeblichen Meinung nach hat sie sich lediglich ein Nachmittagsschläfchen gegönnt. Warum sie allerdings mit Kopfschmerzen aufgewacht ist, müsste noch eruiert werden. Kollege Bücherschrank weigert sich derzeit allerdings, dieser Frage nachzugehen. Aber wer weiß – vielleicht erfahren wir ja noch, welche Wirkung die Therapie unseres hölzernen Freundes wirklich gezeitigt hat. Dass wir sie allerdings ein weiteres Mal werden ausprobieren dürfen, bezweifele ich stark.

7

KARMA – WIR WAREN AUCH GANZ BRAV, GROSSES SPANIEL-EHRENWORT!

Karma ist wie ein Gummiband –
es lässt sich nur bis zu einem bestimmten Punkt dehnen,
bevor es zurückschnellt und dir ins Gesicht knallt.

ANONYM

Heute regnet es, und es sieht ganz so aus, als würde es den ganzen Tag über nicht mehr aufhören. Einfach nur, weil es sein kann und sich ganz danach anfühlt.

Alles in allem ist das Karma für unsere Reise zur Erleuchtung von *sehr* großer Bedeutung. Nur dass es leider zugleich auch so verzwickt und schwer zu verstehen ist. Dessen ungeachtet, geben wir uns ganz nach Spaniel-Art größte Mühe, das Ganze aufzudröseln, wenn auch mit ein wenig Hilfe vom Kollegen Bücherschrank, von Google und zwei feuchten, neugierigen Näschen. Angefangen haben wir mit dem Lexikon, in dem es hieß, dass Karma im Hinduismus und Buddhismus als Summe aller Taten einer Person in der jetzigen wie auch in vorhergehenden Existenzen gilt und über das Los des oder der Betreffenden in künftigen Leben bestimmt.

Durch Zufall haben wir dabei auch herausgefunden, dass »Karma« in Sanskrit – einer alten Menschensprache – »Handlung« heißt. In dem Lexikon sind wir übrigens auch auf das Sanskrit-Wort für Hund gestoßen: Es lautet *Shvana*. Und gerade eben hat mich Halbschwester darüber in Kenntnis gesetzt, dass Karma im Spanielismus bedeutet: »Tue Gutes und alles geht klar. Bist du jedoch ein böser Hund, dann landet dir irgendwann in der Zukunft ein Haufen Kacke auf dem Kopf.«

Die Ausrede, man hätte keine Ahnung von dieser ganzen Karma-Geschichte, scheint dabei übrigens nicht zu zählen – wer sich danebenbenimmt, kriegt mit Sicherheit den Mist ab. Das ist ein bisschen wie mit den Wunschobjekten, die du bei einem gewissen Online-Versandhändler auf deine Liste schreibst. Die bleiben da ewig stehen, und es sieht ganz so aus, als würde nicht das Geringste geschehen, aber dann mit einem Mal – Überraschung! – kriegst du den Kram zugestellt.

Nach exzessivem Nachdenken (das kurz davor war, in Kopfschmerzen auszuarten) sind wir zu folgender Erkenntnis gelangt: Das Gesetz des Karmas bedeutet einfach, dass man erntet, was man gesät hat, und das gilt für alle Zeiten, von der Vergangenheit bis in die Zukunft. Davon, wie du dieses Gesetz befolgst, hängt ab, was künftig mit dir geschieht.

Also musst du dein Handeln gut unter Kontrolle haben. Anderenfalls regnet es entweder Goldrosen und Tausendschön oder etwas, das an Halbschwester erinnert, als sie im Garten die eklige Pflanze gefressen und sich daraufhin in ein haariges Monster wie den Wookiee Chewbacca vor seiner Befreiung verwandelt hat. Muss ich noch mehr sagen?

Im Internet sind wir auch auf ein Gedicht über das Karma gestoßen. Scheint uns angesichts der vielen Ameisen, die wir kennen, ganz angemessen. Ich glaube, wir haben ihre Bedeutung lange unterschätzt, denn allem Anschein nach spielen sie in dem ganzen Drama eine entscheidende Rolle – und drehen sich keineswegs nur um sich selbst.

Lektion der Zeit

Lebt der Vogel … frisst er Ameisen
Ist der Vogel tot … fressen die Ameisen ihn
Zeit und Umstände können sich zu jeder Zeit ändern
Werte niemanden ab und verletze keinen
Heute magst du mächtig sein. Aber vergiss nicht:
Die Zeit ist mächtiger als du

Ein einziger Baum kann zu einer Million Streichhölzern werden
Ein einziges Streichholz aber genügt,
um eine Million Bäume zu verbrennen
Sei also gut und tue Gutes.
Urheber unbekannt

Aus dem vorherigen Kapitel über Reinkarnation haben wir mitgenommen, dass man gut aufpassen muss, was man tut, weil es sonst sehr unangenehme Folgen haben kann. Dazu gehört auch eine Wiedergeburt in einem Daseinsbereich, in dem Gestalten mit massenhaft Gesichtern und Gliedmaßen rumhängen. Oder gar hungrige Geister. So viel Futter, wie die brauchen würden, um ihre Riesenbäuche zu füllen, könnte nicht einmal der Typ vom Lieferdienst ranschaffen.

Bei all dem und vor allem, um die üblen Daseinsbereiche zu vermeiden, scheint es nur logisch, mal zu schauen, was genau eigentlich zu gutem Karma führt.

Zunächst wäre da natürlich die Befolgung der *Fünf sittlichen Gebote*, das ist ja klar. Wir haben aber auch den Eindruck, dass in jedem wachen Moment das Risiko besteht, vom Weg des guten Karmas abzukommen.

Das stellt schon eine Mordsverantwortung dar, dieses Konzept von Ursache und Wirkung, Agieren und Reagieren. Letztlich aber kann man sich nur alle Mühe geben, möglichst nichts Falsches zu tun. So oder so: Wenn wir ernsthaft bester Absicht sind und uns sehr anstrengen, können wir zur Erschaffung einer schöneren, gütigeren Welt beitragen. Und sollte das nicht Grund genug sein loszulegen … dann wissen wir auch nicht.

UND WIE ERSCHAFFEN WIR GUTES KARMA?

Konsens besteht darüber, dass alles, was uns im Leben zustößt, eine Reaktion auf früheres Handeln darstellt. Also eine Folge des eigenen Tuns ist. Alle absichtlichen Handlungen zeitigen eine Wirkung. Demnach erschaffen wir auf dem Wege des Karmas unsere Lebenswirklichkeit im Grunde also alle selbst.

Ich frage mich nur, welche absichtliche Handlung von mir dazu geführt hat, dass mein Tennisball in den Wald geflogen und nun einfach weg ist. Für alle Zeiten verschollen – Ende Gelände.

Halbschwester und ich sind uns einig, dass nichts über gute Taten und weise Entscheidungen geht. Das sollte aber nicht nur für uns gelten, sondern für alle anderen ebenso. Und es muss sich auch auf die behutsame Behandlung unseres Planeten beziehen sowie auf alles, was auf der Erde und in den Weltmeeren zu Hause ist.

Meine Gefährtin plädiert dafür, unser Leben zu betrachten wie den Garten hinter unserem Haus. Er ist so groß, dass wir in vollem Tempo darin herumrennen können. Zusätzlich hat er den Vorteil, dass er an den Wald angrenzt. Und weil wir eben unseren Garten so rasend gern mögen, kümmern wir uns um ihn, so gut wir können. Dad mäht alle zwei Wochen den Rasen und auch die Greifschaufeln für unsere Hinterlassenschaften kommen regelmäßig zum Einsatz. Solange man ihm nur etwas Zeit und Mühe widmet, ist unser Garten also ein überaus herrlicher Ort.

Doch bei allen Anstrengungen, die wir unternehmen, dürfen wir auch die Augen nicht davor verschließen, dass sich draußen mancherlei unserer Kontrolle entzieht. Das betrifft zum Beispiel das Wetter, den Wechsel der Jahreszeiten, fremde Tiere, die zu Besuch kommen, und Menschen, die über den Rasen latschen.

Zwar mögen wir also darüber befinden können, wie unser Garten aussehen soll, letztlich aber kommt es auch darauf an, wie wir auf etwaige Unvollkommenheiten oder auf Unerwartetes reagieren. Apropos: Gerade eben schleicht sich der rote Kater von nebenan auf unser Grundstück. Da sich bei diesem Anblick das Fell von Halbschwester sträubt und sie wie angestochen durch die Tür rast, die in den Garten führt, müssen wir unsere Erörterungen die Erzeugung guten Karmas betreffend kurz unterbrechen. Zusammen mit dem Kollegen Bücherschrank schaue ich aus dem Fenster, um nichts von dem Spektakel zu verpassen und das Entstehen von Karma einmal live mitzuerleben.

Nach reiflicher Überlegung sind wir zu der Überzeugung gelangt, dass auf unserer Reise zur Erkundung des Karmas die unumstößliche Absicht, täglich Achtsamkeit und Mitgefühl zu kultivieren, den besten Ansatz darstellt. Außerdem haben wir fest vor, uns gut um unsere Familie, die Umwelt und uns selbst zu kümmern. Wozu auch gehört, dass wir möglichst viel Zeit in der Natur verbringen.

Unsere größte Chance, an Weisheit hinzuzugewinnen, sehen wir darin, dass wir versuchen, uns an den kleinen Dingen des Lebens zu erfreuen, viel zu lernen und stets aufmerksam zuzuhören. Wir sind der festen Absicht, Zorn, Habgier und Negativität durch Liebe und Güte zu ersetzen, und hoffen, dadurch auf der richtigen Seite der karmischen Grenzlinie bleiben zu können.

Kaum haben wir diesen Satz zu Ende gedacht, kommt auch Halbschwester schon wieder – nachdem sie den Roten von nebenan Millionen Male quer durch den Garten gejagt hat. Sie hört sich die Zusammenfassung unseres Aktionsplans »Gutes Karma« an, sieht mir dann geradewegs in die Augen und sagt: »Super. Das nenn' ich 'nen Plan! Bin dabei.« Dann rast sie in höchstem Tempo wieder raus und davon. Ihre letzten Worte hängen noch länger in der Küche: »Morgen geht's los!«

Irgendwann senkt sich die Dunkelheit über einen weiteren ereignisreichen Tag. Wir schauen aus dem Fenster und sehen im Dämmerlicht gerade noch die Silhouette des Roten von nebenan. Er wiederum kann womöglich noch einen Blick auf Halbschwester werfen, die sich in ihrer üblichen würdelosen Körperhaltung auf dem Sofa fläzt. Trotzdem bleibt alles ruhig.

Vom Plan meiner Halbschwester, von morgen an gutes Karma anzusammeln, hat er sicher keine Ahnung. Vielleicht betrauert er momentan einfach nur den Verlust eines seiner sieben – oder neun – Leben. Aber ich bin mir ziemlich sicher, dass er noch ein paar davon hat.

Wäre Halbschwester wach, würde sie sicher mit einem gewissen Neid bemerken, dass es dem Roten auch im Dunkeln wieder gelungen ist, beim Sprung vom Gartenzaun auf allen vier Pfoten zu landen.

DER NÄCHSTE TAG

Am folgenden Morgen bietet sich Halbschwester eine unerwartete Gelegenheit, ihre guten Absichten in die Tat umzusetzen.

Früh begrüßt uns Dad wie immer. In der Hand hat er eine Leine. Was so weit keine Überraschung ist. Leine in der Hand heißt im Allgemeinen, dass wir Gassi gehen. In seltenen Fällen allerdings auch nicht.

Als Nächstes kommt unser übliches Vor-Gassi-Ritual, das darin besteht, dass Halbschwester und ich um den besten Platz rangeln. Dabei ähneln wir bestimmt zwei wild gewordenen Kreiseln, die wie närrisch über den Küchenfußboden wirbeln, bloß viel lauter und nicht so elegant. Auf Dauer hat das dazu geführt, dass sich Dad weigert, uns beide auf einmal spazieren zu führen. Aber so kommt er wenigstens zu doppelt so viel Bewegung.

Was wir im Moment noch nicht wissen, ist, dass unser ganzes Theater am heutigen Morgen überflüssig ist, denn trotz all meiner Bemühungen darf diesmal Halbschwester das Haus verlassen. Das ist eine interessante, wenn auch für sie leicht beunruhigende Entwicklung.

Kaum hat meine Gefährtin realisiert, dass sie es ist, die raus darf, springt sie auch schon die Treppe runter und zieht Dad nach sich auf die Auffahrt. Den Bürgersteig allerdings erreicht sie nicht; stattdessen landet sie auf dem Rücksitz unseres Autos.

Beim Blick durch die Heckscheibe sieht sie den Roten von nebenan sein Territorium bestellen und eifrig den Fortgang der Dinge beobachten. Wüsste er, wo seine Intimfeindin hinfährt, würde er bestimmt augenblicklich vom Zaun fallen und vor lauter Lachen statt auf seinen Pfoten auf dem Kopf landen.

Sobald der Wagen die Ausfahrt verlässt, überdenkt Halbschwester ihre Optionen – und die Möglichkeiten, gutes Karma zu erzeugen.

Option 1 – ein netter kleiner Spaziergang in freier Natur
Das wäre eine Möglichkeit, ist aber eher unwahrscheinlich, weil es eigentlich nie mit dem Auto zum Gassigehen geht. Manchmal fahren wir in den Wald, aber auch das wird wohl heute nicht der Fall sein, weil es erstens noch sehr früh am Morgen ist und zweitens ein ganz normaler Arbeitstag.

Sollte Halbschwester durch ein Wunder einen Spaziergang machen dürfen, dem eine Autofahrt vorausgeht, kann sie dadurch gutes Karma ansammeln, dass sie schön an der Leine geht, zurückkommt, sobald sie gerufen wird, und keine anderen Hunde anbellt.

Menschen begegnet sie fast immer freundlich – mit der Ausnahme von Fremden, die abends unangemeldet an die Tür klopfen. Was jedoch andere Hunde angeht … meine Güte, hat die einen Hass auf Jack Russell Terrier! Als sie noch klein war, hat mal so einer versucht, sich auf sie zu stürzen. Das hat zwar nicht geklappt, seither aber schlägt sie immer als Erste zu – wie bei 'ner Straßenschlacht in Glasgow.

Option 2 – Destination Tierärztin
Für diese Möglichkeit spricht zweifellos vieles, auch wenn sich Halbschwester in letzter Zeit eigentlich nie schlecht gefühlt hat. Zur Tierärztin geht's normalerweise, wenn sie das Frühstück verweigert, was das Äquivalent zu Moms freiwilligem Verzicht auf ihr abendliches Gläschen Wein darstellt. Und in etwa genauso selten vorkommt, wie Dad im Fernsehen von Fußball zu Rosamunde Pilcher oder einer Daily Soap umschaltet. Das sind alles Vorkommnisse, die Grund zur Besorgnis geben und eine medizinische Intervention unumgänglich machen.

Aber egal, der Wagen hat die Route verlassen, die zur Tierärztin führt. Und nebenbei bemerkt auch die in den Wald. Damit haben sich Option eins und zwei also erledigt. Ein verwirrter, ratloser Ausdruck hat sich in die Miene meiner Gefährtin geschlichen.

Option 3 – Urlaub
Hier handelt es sich auf Seiten von Halbschwester eindeutig um Wunschdenken, versetzt mit einem Hauch von Verzweiflung. Schließlich waren wir gerade erst in jenem entlegenen Cottage in Schottland, Gepäck ist im Wagen Fehlanzeige, und außerdem fahren wir immer alle zusammen in den Urlaub.

Option 4 – Dads Arbeitsplatz
An Dads Arbeitsplatz sind wir nur selten, aber vorgekommen ist es immerhin schon. Die Möglichkeit besteht also. Es ist ganz schön dort, und die Leute sind freundlich. Als wir das

letzte Mal bei ihm im Büro waren, haben wir einen Spaziergang gemacht, weil es auf dem Land liegt und unmittelbar an ein Naturschutzgebiet grenzt.

Oft stellt sich die lokale Fasanenpopulation ein und schaut in die Fenster. Um zu gucken, wer sich da drinnen befindet, haben wir vermutet, aber nein: Wie sich herausstellte, haben die gedacht, da wäre ein Artgenosse von ihnen zugange. Woraufhin sie völlig aus dem Häuschen waren und die komischsten Geräusche von sich gaben. Die Hellsten sind diese Fasane nicht gerade.

Option vier könnte gut und gern das wahrscheinlichste Fahrtziel sein, denn sie befinden sich definitiv auf der Straße, die zu Dads Büro führt. Die Miene von Halbschwester heitert sich auf und hat sogar noch Platz für ein kleines Lächeln. Sie ist voll optimistisch.

In Wirklichkeit – der Hundesalon

Eines ist mal klar: Die Qualität der Hundefriseurin steht außer Frage. Schließlich hat die Besitzerin des Ladens die Crufts gewonnen (na ja, jedenfalls ihr Hund). Auch gibt es keinen Anlass zur Befürchtung, man könne schlussendlich aussehen wie ein Springerdoodle oder Schäferspaniel. Mom gibt nämlich immer *strikteste* Anweisungen, wie Halbschwester getrimmt werden soll. Allerdings muss man schon zugeben, dass manche Hunde hier es nicht so leicht haben und voll übel zugerichtet aussehen, wenn sie fertig sind. Aber Dad hat eben vollkommen recht, wenn er sagt, dass die Kreuzung eines Shih Tzus mit einem Pudel selten zu etwas Gutem führt.

Und um auch das noch klarzustellen: Das Ziel der Fahrt war definitiv die Hundefriseurin. Denn der Wagen hält unmittelbar vor dem Geschäft. Das kleine Lächeln hat sich wieder aus der Miene von Halbschwester verabschiedet. Dafür grummelt sie jetzt leise. Schlechtes Karma im Anzug.

Ihre erste Reaktion auf die Entwicklung der Dinge besteht darin, dass sie sich auf ihre Lieblingskompetenz besinnt, an der sie seit Jahren feilt und die für Situationen wie diese einfach perfekt ist. Denn so unglaublich es sich auch anhört, es stimmt tatsächlich: Halbschwester kann eine täuschend echte Imitation eines Sackes Zement hinlegen.

Dad geht auf die Baustoffhandlung (ehedem bekannt als Hundefriseurin) zu und nähert sich der Eingangstür. Während er sich noch an Halbschwester abarbeitet, besinnt diese sich auf das Gespräch über die Akkumulation guten Karmas, das wir am Vorabend geführt haben. Mit der Folge, dass sie sich in ein Säckchen Vogelsand verwandelt.

Bis sie durch die Tür getreten sind, hat Halbschwester ihre Antihaltung hinter sich gelassen und sich direkt vom Baumarkt an den Empfangstresen des Hundesalons begeben. Eine nette junge Frau geht auf Dad zu und begrüßt ihn herzlich; in frisch gebügelter Arbeitskleidung macht sie sich anschließend bereit, aus einem dicht behaarten Wookiee eine elegante Spaniel-Schönheit zu machen. Man kann nur hoffen, dass sie auf eine Herausforderung gefasst ist.

Das Erste, was Halbschwester bemerkt, als sie den Salon betritt, ist der Geruch – streng nach Pudel-Trimmstube. Ihre Nase fängt an zu jucken, und die Beine beginnen sich wieder zu Zement zu versteifen. Nachdem Dad sie an die junge Frau weitergereicht hat, fragt diese höflich: »Wie immer?« Und verschwindet, als sie darauf keine Antwort erhält, mit meiner Gefährtin im Schlepptau im Inneren des Salons.

Die Hundefriseurin gibt sich alle Mühe, gelassen und kompetent zu wirken, doch als plötzlich die Zement-Verkörperung wieder auf den Plan tritt, sieht sie eher aus wie eine Maurer-Azubine, die ihre erste Kiepe mit Backsteinen auf dem Rücken transportiert und gleichzeitig eine Schubkarre vor sich her schiebt. Halbschwester, die jetzt wieder voll im Zementmantel steckt, sucht nach möglichen Fluchtwegen. Findet aber auf die Schnelle keinen.

Meine Gefährtin wird den ganzen Vormittag im Salon verbringen, also hat sie genügend Zeit, um Achtsamkeit, Güte sowie Mitgefühl für alle Lebewesen zu praktizieren. Hoffen wir mal das Beste.

ETWAS SPÄTER ...

Nach etwa vier Stunden kommt Dad in den Salon zurück, um Halbschwester abzuholen. Nach der Trennung von seinem schwer verdienten Geld schaut er der Empfangsdame nach, die geht, um die Verwandelte zu holen. Welche dann tatsächlich auch irgendwann in Erscheinung tritt. Wüsste man es nicht besser, würde man direkt denken, es handele sich um eine ganz andere, vollkommen neue Hündin. Deren glatt gepflegtem Äußeren gesellen sich Wölkchen von

Talkumpuder hinzu, die jede ihrer eleganten Bewegungen begleiten.

Doch obwohl sie völlig anders aussieht als am frühen Morgen, ist sie natürlich sofort wiederzuerkennen, und zwar an ihrer grimmigen Miene und dem Ungestüm, mit dem ihr Bewegungsapparat darauf aus ist, den Salon zu verlassen.

Allem Anschein nach hat sie mindestens vierundzwanzig Mal die Atemraum- und zwei Liebende-Güte-Meditationen gebraucht, um die Tortur bei lebendigem Leib zu überstehen. Zusätzlich zu allem, was Halbschwester zu diesem Zweck sonst noch getan haben mag.

In der Nachbesprechung zu Hause stellt sich schließlich heraus, dass sie sich als ausgesprochen brav und wohlerzogen erwiesen hat. Sie hat ihre Atemraum-Meditationen praktiziert, ist der Hundefriseurin mit Respekt und Wertschätzung für deren harte Arbeit und das Ergebnis ihrer Bemühungen begegnet. Was wieder einmal deutlich macht, dass sich unsere Gedanken mitunter sehr vom realen Gang der Dinge unterscheiden und dass sich freundlich zugewandte Güte durchaus auszahlen kann. Sieht ganz nach weiterem gutem Karma aus.

Halbschwester beendet die Besprechung mit ihrer Weisheit des Tages, woraus bei uns zu Hause ein regelmäßig durchgeführtes Ritual wird.

Ich bin vielleicht nicht dort hingekommen,
wo ich hinwollte. Aber ich denke,
ich bin dort angekommen, wo ich sein musste.
Douglas Adams

Anschließend dreht sie sich ohne weitere Umstände um und steuert unter Zurücklassung einer Talkumpuderspur den Garten an.

Beim Aufwachen am nächsten Morgen schwirren mir alle möglichen Gedanken über diese ganze Sache mit Güte und Mitgefühl im Kopf herum und darüber, dass Nettsein einem einen ganzen Sack voll Karma der richtigen Sorte einbringen kann.

Nach einigem Nachdenken komme ich auf den Trichter, dass ich die Verdienste meiner Halbschwester bislang womöglich unterschätzt habe. Als die Ältere von uns hat sie sich immer um mich gekümmert; sie passt auf mich auf, wenn ich im Garten bin, beim Gassigehen oder auch im Urlaub. Sie bellt, um mir zu signalisieren, dass das Futter bereitsteht oder ein Leckerchen winkt; sie lässt mich oft den ersten Schluck Wasser trinken. Einmal hat sie mich sogar ihre Möhre klauen lassen, aber das war schon wieder unheimlich. Auch überlässt sie mir die ganzen Spielsachen und duldet es, wenn ich mich bei unseren Kampfspielen hinreißen lasse. (Übertreibe ich es allerdings einmal, weist sie mich durchaus eindeutig in meine Schranken.) So. Für heute muss das genügen.

Ich gehe in den Garten und belle dort, bis jemand rauskommt und Fangen mit mir spielt. Ein weiterer Gedanke an die Verdienste meiner Halbschwester und ich fang' noch an zu heulen. Nette Gedanken können einen nämlich ganz schön emotional machen.

PRAKTIZIERTE DANKBARKEIT

Die Praxis der Dankbarkeit erweist sich als ausgesprochen machtvoll und in meinem Fall auch als förderlich. Wissenschaftliche Erkenntnisse deuten darauf hin, dass es zahlreiche weitere positive Emotionen hervorbringt, wenn wir uns nur öfter etwas Zeit nehmen, um uns auf die Dinge zu besinnen, für die wir dankbar sein können.

Dankbarkeit führt zu mehr Lebendigkeit, Mitgefühl, Güte, zu besserem Schlaf und einer Stärkung des Immunsystems. Das ist alles sehr gut und erspart eine Menge Fahrten zur Tierärztin. Woher wir das wissen, fragst du? Von einem Kumpel von Google namens Google Scholar. Der ist ganz ähnlich wie Google, nur etwas mehr auf den Punkt.

Tatsache ist: Wenn du dir Mühe gibst, kannst du für alles dankbar sein. Angefangen bei einem schönen Waldspaziergang bis hin zu einem winzigen Kekskrümel, der auf den Boden fällt.

Heute spielen Halbschwester und ich ein neues Dankbarkeitsspiel. Wir haben es selbst erfunden, teilen es aber gern. Im Wesentlichen geht es darum, für alles Schöne dankbar zu sein, was man den Tag über so erlebt. Halbschwester mag das Spiel besonders gern und schnappt fast über vor Begeisterung. Schon ganz früh lässt sie uns vom oberen Treppenabsatz her lautstark wissen, wie unglaublich dankbar sie dafür sei, morgens bei lebendigem Leib wieder aufgewacht zu sein. Na, prost Mahlzeit, das kann ein langer Tag werden!

Ist der Abend gekommen, kuscheln wir uns alle warm und gemütlich auf dem Sofa zusammen (was wir ebenfalls wertschätzend anerkennen). Eine ganz lange Liste mit Dingen und Menschen, für die beziehungsweise denen wir dankbar sind, ist zusammengekommen. Und das allein für diesen einen Tag.

Aber wollen wir doch mal ehrlich sein: Ohne all die barmherzigen, fürsorglichen Dinge, die Menschen für uns tun, würden wir längst auf der Straße leben oder wären im Tierheim.

Apropos Tierheim und barmherzige Taten: Dad war früher mal Sponsor der English-Springer-Spaniel-Ausstellung unseres lokalen Tierheims. Nur durften wir an der leider nicht teilnehmen. Was, wie Halbschwester meint, daran lag, dass anderenfalls Dad seine Stimme hätte unbedingt uns geben müssen. Denn was hätten die Leute über ihn gedacht, wäre sein Votum anders ausgefallen?

Nur für den Fall, dass Dad die Ausstellung neuerlich sponsern will, hat sich meine Gefährtin schon einen listigen Plan ausgedacht. In dessen Mittelpunkt ein Besuch im Hundesalon steht – und zwar genau zu der Zeit, in der die Ausstellung stattfindet. Weil sie dann nämlich nicht nur mit einem besonders guten Aussehen punkten, sondern Dad sie auch nicht erkennen – oder jedenfalls von den sie umgebenden Talkumpuderwolken geblendet sein – würde. Wie auch immer, ein echt cleveres Vorhaben. Mal sehen, ob es in die Tat umgesetzt werden kann. Bis dahin bleiben wir auf der Suche nach allem, für das wir dankbar sein können, und sammeln weiterhin gutes Karma an.

Absicht = Handeln = Folgen. So erklärt es der Buddha in seinen Lehrreden. Wir achten darauf, dass wir gute Absichten haben, unser Handeln von Güte und Mitgefühl getragen wird und für die Folgen deshalb *alles paletti* gilt (das ist Spanielisch und bedeutet wunderbar).

Unmittelbar vor dem Zubettgehen halten wir noch kurz inne und sprechen ein Gebet für alle Lebewesen in der Kälte draußen. Dabei ist es für Halbschwester, wie sie sagt, vollkommen in Ordnung, dass wir auch Katzen in unsere Fürbitte einschließen, sogar den Roten von nebenan, der am Hintereingang seines Zuhauses steht und wimmernd um Einlass bittet. Schwer zu sagen, ob meine Gefährtin gerade einen Anfall von Mitgefühl hat oder der Rote nebenan sie einfach nicht zur Ruhe kommen lässt. Auf diese Frage wüsste vermutlich nicht einmal der Buddha die Antwort.

WÖRTER – KOMPLIZIERTE SACHE

Vom Kollegen Bücherschrank haben wir zum Thema Karma lange nichts mehr gehört – überhaupt ist er in letzter Zeit stumm wie Holz gewesen. Heute jedoch quellen die Weisheiten nur so aus ihm heraus.

Wir haben viel über gutes und schlechtes – in manchen Fällen sogar ganz übles – Karma nachgedacht. Dem Kollegen Bücherschrank zufolge könnten wir jedoch Attribute verwenden, die besser passen würden als gut oder schlecht. Aus buddhistischer Sicht könnten wir die Adjektive »gut« und »schlecht« etwa durch »zuträglich« und »abträglich« oder »hilfreich« und »nicht hilfreich« ersetzen. Wobei zuträgliches

Handeln aus Mitgefühl, liebender Güte und Weisheit erwächst und abträgliches Tun auf Gier, Hass und Ignoranz beruht.

Okay, okay – mit unserem ganz persönlichen Wissensversorger werden wir uns bestimmt nicht anlegen.

Ups, da war ich jetzt wohl aber doch etwas zu schnell, denn Halbschwester scheint beschlossen zu haben, den Kollegen Bücherschrank voll auf die Hörner zu nehmen. Jedenfalls behauptet sie, nach seiner Erklärung nun total verwirrt zu sein und gar nicht mehr zu wissen, welche Ausdrücke sie denn nun verwenden solle und welche nicht. Im Anschluss qualifiziert sie die Einlassungen des Kollegen Bücherschrank als »nicht hilfreich« ab.

Woraufhin dieser ebenso humorvoll wie schlagfertig zum Konter ansetzt. Wie er sagt, zeige allein schon die Tatsache, dass Halbschwester anstelle von »schlecht« oder »abträglich« »nicht hilfreich« gesagt habe, wie wenig verwirrt sie sei. Die nach diesem Einwand entstehende Stille hätte jedem buddhistischen Kloster zu Ruhm und Ehre gereicht. Unterbrochen wird sie nur von gelegentlichen Akten der Fellpflege und des Seiten-Umblätterns.

Später und nach eingehender Erörterung einigen wir uns auf »hilfreich« und »nicht hilfreich« zur Unterscheidung unserer Handlungen. Und zwar, weil das ganze »Zuträglich«- und »Abträglich«-Gedöns viel zu sehr an gesundes und zweifelhaftes Hundefutter erinnert. Auf die Verwendung von »gut« und »schlecht« verzichten wir, weil wir es uns nicht mit dem Kollegen Bücherschrank verscherzen wollen.

Zu Recht hat Halbschwester noch darauf hingewiesen, dass man das alles auf allerlei verschiedene Art und Weise betrachten kann. Und um dieses Statement argumentativ zu unterfüttern, erzählte sie uns die Geschichte von der großen Flut und der Maus.

DIE GROSSE FLUT UND DIE MAUS

Die Geschichte fängt damit an, dass Dad einige Tage nach sintflutartigen Regenfällen beschloss, mit Halbschwester zusammen einen Spaziergang am Fluss zu machen. Was zum Teil mit dem Lagerkoller zu tun hatte, unter dem meine Gefährtin litt, nachdem sie tagelang ans Haus gefesselt war, andererseits aber auch mit dem Fluss, der unmittelbar davorstand, über seine Ufer zu treten und die Straßen zu überfluten.

Dad, der von derartigen Hochwassern in unserer Gemeinde bislang nur in der Lokalpresse gelesen hatte, wollte sich dieses Spektakel kein weiteres Mal entgehen lassen. Als sie die Brücke überquerten, konnten sie sehen, wie weit das Wasser schon gestiegen war. Vor den Türen der Häuser lagen Sandsäcke, und die Einheimischen standen am Ufer und diskutierten, wie es wohl weitergehen würde mit dem Wasser. Dad und Halbschwester fanden das alles wahnsinnig aufregend.

In rasendem Tempo trug der Fluss jede Menge Müll mit sich, auch Bäume, Fahrräder und Plastikrohre. Einiges davon war schon ans Ufer und auf den Weg gespült worden, unter anderem eine tote Maus. Und gerade wollte Dad Halbschwester in die andere Richtung lenken, da war sie auch schon fort, die Maus – abgesehen von ihrem Schwanz, der meiner Halbschwester noch aus dem Maul heraushing wie ein Nudelende von Moms Spaghetti bolognese.

Clever, wie Dad ist, suchte er seine Hosentasche nach dem Tütchen mit den Leckerlis ab. Und das schneller, als die Cowboys im Fernsehen ihre Schießgewehre ziehen können. Aber vergebens. Die Maus rutscht Halbschwester die Kehle hinab. Samt Schwanz. Nur der Wirkung wegen demonstriert meine Gefährtin den Akt des Maus-Runterschluckens noch einmal – nur ohne Maus diesmal. Wir sind geschockt und werden von einer leichten Übelkeit erfasst. Auf die unnütze Wiederholung hätten wir gut und gern verzichten können.

Für Halbschwester drehte sich die ganze Geschichte einzig und allein um die Frage: Handelte es sich hier um hilfreiches oder nicht hilfreiches Verhalten und welche Konsequenzen ergeben sich daraus? Sie hat da eine Theorie, und mit der hält sie nicht hinterm Berg: Meiner Gefährtin zufolge war ihr Tun zweifelsfrei hilfreich und zieht demnach kein schlechtes Karma nach sich. Diese Auffassung beruht auf dem Umstand, dass sie der Maus nicht schaden wollte; die war ja schon tot, weil sie nämlich des Schwimmens nicht mächtig war. Ohne eigenes Zutun verschmutzte die Maus die Straße und hätte deshalb durchaus als Gefahr für die öffentliche Gesundheit betrachtet werden können.

Auf diese Weise hätte Halbschwester der Gemeinde im Grunde sogar einen Gefallen getan. Und was die Maus betrifft –

nun, die harrte ihrer Reinkarnation. Zwar auf einem etwas unerwarteten Weg, aber trotzdem. Da man dagegen kaum was einwenden kann, verkneifen der Kollege Bücherschrank und ich es uns auch.

Der Fluss ist übrigens nicht über die Ufer getreten, was für die Anwohner gut war, auch für unsere Freundin Wendy und ihr Spaniels-Rudel. Als alles vorbei war, schloss sich eine dringend benötigte Atemraum-Meditation an, die uns allen half, das Trauma der Geschichte zu bewältigen.

Einige Zeit nach der heutigen »Bergpredigt« vom oberen Treppenabsatz aus sprach Halbschwester weiter und berichtete uns, dass viele Dinge, die in der Vergangenheit geschehen seien, genau das seien: vergangen. Heute komme es nur darauf an, was wir im Hier und Jetzt täten. Mit dieser abschließenden Bemerkung zieht sie sich aufs Sofa zurück. Und nach dem ganzen Nachdenken und Überlegen ist es definitiv Zeit für ein erholsames Nickerchen.

PFÜTZEN VERMEIDEN

Heute regnet es, und es sieht ganz so aus, als würde es den ganzen Tag über nicht mehr aufhören. Einfach nur, weil es sein kann und sich ganz danach anfühlt. Auch wird es bestimmt einer jener Schlechtwettertage, an denen mich ständig der Schlamm anspringt, während Halbschwester auf derselben Strecke kein Fitzelchen Schmutz abbekommt. Wie macht sie das nur?

Da alle schon bei der Arbeit und wir allein zu Hause sind, bietet sich uns jetzt die perfekte Gelegenheit für einen Studientag mit dem Kollegen Bücherschrank. Der das für eine gute Idee hält und sich gern dazu bereit erklärt, weil es draußen aus allen Kübeln schüttet. Beziehungsweise Katzen und Hunde regnet, wie man bei uns in England sagt.

Dass Halbschwester ihn als Erstes um eine Erklärung für diese dämliche Redewendung bittet, dürfte kaum überraschen. Denn, wie sie meint, zeige doch schon ein kurzer Blick aus dem Fenster, dass es keineswegs Katzen und Hunde regnet und im Übrigen auch keine Eichhörnchen, sondern dass es einfach nur Regen regnet.

Nach einem kurzen Rascheln von Buchseiten erklärt er, dieser »idiomatische Ausdruck« bedeute lediglich, dass die feuchten Niederschläge sehr stark seien. Als sich Halbschwester noch nicht überzeugt zeigt, versucht er es mit einer anderen Theorie: Vor langer, langer Zeit, erklärt er, hätten die Leute in England Heudächer gehabt und auf denen hätten die Katzen und Hunde ihr Schläfchen gehalten. Bei Regen seien die Dächer so rutschig geworden, dass die Tiere runtergefallen sind. Weshalb man eben sagte, dass es »Katzen und Hunde« regne. Zufrieden mit seiner Erklärung fügt Kollege Bücherschrank hinzu, die Geschichte entstamme der nordischen Mythologie.

Mit dem für sie typischen nachdenklichen Gesichtsausdruck teilt Halbschwester uns mit, dass es für ihre Begriffe keines starken Regens bedürfe, um Katzen vom Dach zu fegen. Dafür brauche man lediglich einen English Springer Spaniel und eine stabile Leiter.

Bevor wir unser Bewusstsein mit mehr neuem Wissen erweitern, wollen wir lieber von der praktischen kleinen Übung namens *Atemraum-Meditation* sprechen, die wir in letzter Zeit ein paarmal gemacht haben. Sie ist ideal geeignet, mehr Achtsamkeit in den Alltag zu bringen, auch wenn es gerade mal nicht regnet, oder zur Erholung von den brutalen Geschichten meiner Halbschwester. Du kannst sie einfach irgendwann am Tag dazwischenschieben, wenn dir danach ist. Als besonders hilfreich erweist sie sich, wann immer das Befinden sich im unteren Bereich der Alles-paletti-Skala abspielt (wenn es also arg zu wünschen übrig lässt).

DIE ATEMRAUM-MEDITATION (ODER: IN DREI SCHRITTEN RICHTUNG *ALLES PALETTI*)

Schritt 1 – Wahrnehmung
Vor Beginn der Übung nimmst du deine übliche würdevolle Körperhaltung ein; solltest du jedoch unterwegs sein, kannst du einfach so innehalten – egal, in welcher Haltung. Dann machst du dir klar, was gerade Sache ist: jetzt, in diesem Moment. Nimm alles wahr und zur Kenntnis, was in dir und um dich herum geschieht, auch die eher schwierigen Erfahrungen, die du womöglich machst. Die Einstellung, die wir mit dieser Übung anstreben, ist die der achtsamen Akzeptanz: alle Gedanken, Gefühle und körperlichen Empfindungen genauso anzunehmen und zu erleben, wie sie sind.

Schritt 2 – Sammlung
Jetzt ist es an der Zeit, die Aufmerksamkeit auf die Atmung zu lenken. Als Ausgangspunkt bietet sich diejenige Stelle deines Körpers an, wo du das Ein- und Ausströmen der Luft am intensivsten spürst, also zum Beispiel Brustbereich, Bauch oder Mund.

Solltest du ein Hund sein, empfiehlt sich dafür deine große, glänzende schwarze Nase. Sei ganz bei jedem deiner Atemzüge: vom ersten Moment des Luftholens bis zur letzten Millisekunde des Ausatmens. So üben wir, stets wieder ins Hier und Jetzt zurückzukehren, wenn wir einmal abgelenkt oder von Umherschweifendem Geist gekidnappt worden sind.

Schritt 3 – Ausweitung der Wahrnehmung
Schließlich weiten wir die Atemwahrnehmung auf den gesamten Körper sowie auf den Raum aus, den er einnimmt – ganz so, als würde der ganze Organismus atmen.

Alles in allem nimmt der Vorgang etwa drei Minuten in Anspruch. Da es aber keine Uhren gibt, die die Spaniel-Zeit messen, dauert er eben so lang, wie er dauert.

Sobald nach Beendigung der Übung das Befinden auf der Alles-paletti-Skala wieder etliche Stufen hochgeklettert ist, setzt Kollege Bücherschrank die Lerneinheit fort. Ein Blick aus dem Fenster genügt, um uns davon zu überzeugen, dass der Garten kurz davorsteht, überschwemmt zu werden. Katzen und Hunde, die es aus dem Himmel regnen könnte, sind zwar weit und breit keine zu sehen, eines ist trotzdem klar: Bei der nächsten Übung wird es darum gehen, den Pfützen auszuweichen.

Die heutige vom Kollegen Bücherschrank geleitete Lerneinheit war überaus erhellend und hat unser Denken über und Verständnis vom Karma enorm vertieft. Morgens, nachdem er das Thema die ganze Nacht lang durchgekaut hat, blättert er eine Reihe wissenswerter Fakten auf den Tisch des Hauses:

Der Gedanke, der uns am meisten zu denken gibt (ja, den wir beinahe schon über-überdenken), lautet: Im Verständnis des Buddhismus stellt das Karma nicht etwa irgendein himmlisches Justizsystem oder so dar. Und es geht dabei auch nicht darum, dass wir für unser Handeln belohnt oder bestraft werden. Vielmehr handelt es sich um eine Art Naturgesetz. Und was besonders wichtig ist: Das Karma wird unmittelbar wirksam. Ist es dann einmal in Gang gesetzt, kann es sich in viele Richtungen ausbreiten wie Wellen auf der Oberfläche eines Teichs. Oder was den heutigen Tag betrifft: wie Riesenpfützen auf völlig durchweichtem Gartenboden. Anders ausgedrückt: Alles, was wir heute tun, hat Folgen. Und das heute schon.

Außerdem ist das Karma, wie uns Kollege Bücherschrank erklärt, weder mysteriös, noch spielt es sich im Geheimen ab. Und sobald wir seine Funktionsweise erst einmal begriffen haben, können wir sein Wirken allenthalben beobachten.

Wie auf Einladung kommt in diesem Moment unser kleiner Freund, das Rotkehlchen, angeflattert, um in einer der vielen Pfützen ein Bad zu nehmen. Es hat einen Riesenspaß …

bis sich plötzlich der Rote von nebenan, der den ganzen gestrigen Tag mit der Vogeljagd verbracht hat, vom Gartenzaun stürzt. Das bleibt dem Rotkehlchen nicht verborgen; es rettet sich in die Sicherheit des weiten Himmels. Der Rote landet zur großen Schadenfreude von Halbschwester mit einem Bauchplatscher in der Pfütze. Schlittert danach von einer Wasserlache in die nächste, bis er schließlich *sehr* nass und *sehr* matschig zum Stehen kommt.

Halbschwester, die den ganzen gestrigen Tag mit der Jagd auf Nachbars Roten verbracht hat, lacht so laut und so heftig, dass sie sich den Kopf am Tisch anschlägt. Kollege Bücherschrank schaut mich an, ich erwidere seinen Blick; und beide gucken wir vom Roten zu Halbschwester und wieder zurück. Danach braucht es nicht mehr als ein einverständiges Nicken.

Später lässt ihr Lachen allmählich nach und auch die Beule an ihrer Birne geht zurück. Nach einiger Fellpflege ist der Rote von nebenan wieder ganz der Alte und nimmt erneut seinen Platz auf dem Gartenzaun ein. Alles ist genauso, wie es sein soll, und wir beginnen in vollem Ernst mit dem Ansammeln von gutem Karma durch geschicktes Handeln.

Jeder Augenblick stellt eine gute Gelegenheit zur Gestaltung unserer Zukunft dar. Eine Chance, die wir uns nicht entgehen lassen sollten, wie auch aus dem folgenden Zitat hervorgeht:

Karma ist das Gesetz von Ursache und Wirkung – ein unumstößliches Gesetz des Kosmos. Dein Handeln erschafft deine Zukunft. Dass dein Schicksal nicht besiegelt ist, liegt

an der Willensfreiheit. Deshalb kann deine Zukunft auch nicht schon irgendwo geschrieben stehen. Denn es wäre nicht gerecht. Das Leben gibt dir Chancen. Und dies hier ist eine von ihnen.
UNBEKANNT

NACH EINGEHENDER BETRACHTUNG IM BAMBUSWÄLDCHEN

Irgendwann lässt der Regen nach und es ist Zeit für unsere Reflexionen im Bambuswäldchen. Passenderweise mahnen uns die einzelnen Tropfen, die gelegentlich fallen, zur Besinnung aufs Hier und Jetzt. Wir sind dem Kollegen Bücherschrank sehr dankbar für seine Bemühungen, für sein gesammeltes Wissen, insbesondere aber die Info, dass das Karma bereits in diesem Leben anfängt zu wirken. Darüber haben wir viel nachgedacht, sogar auch gelacht.

All diese Geschichten über Handlungen und ihre Konsequenzen haben die Fokussierung unseres Geistes bewirkt, und nun sind wir bestrebt, aus jedem Augenblick das Beste herauszuholen. Tun Menschen oder andere Lebewesen dummes Zeug, überlassen wir sie sich selbst und gehen unserer Wege. Im Vertrauen darauf, dass unser neuester Freund, das Karma, alles ordnet und sortiert, brauchen wir nichts anderes zu tun, als zu warten.

Derweil ist Halbschwester der festen Überzeugung, die Tropfen, die ihr auf den Kopf fallen, seien die Retourkutsche für die ganzen Pflanzen, die sie im Garten schon ausgebuddelt hat. Nicht zu vergessen all diejenigen, die sie gefuttert hat und von denen ihr übel geworden ist. Was sozusagen eine ordentliche Portion Instant-Karma darstellt.

Um dieses Thema für den Moment zum Abschluss zu bringen, beschließen wir eine Geräuschmeditation zu machen, die uns dafür gut geeignet zu sein scheint. Also lenken wir unsere Aufmerksamkeit auf die Geräusche der Natur um uns herum. Wir hören den Wind in den Bäumen, die Vögel und die Tropfen, die nach wie vor gelegentlich auf dem Kopf von Halbschwester landen. Wenn wir uns mit aller Kraft konzentrieren, können wir aus der Entfernung das Kichern des Roten hören. Sehr zum Verdruss meiner Gefährtin.

8

LIEBENDE GÜTE – FREUNDSCHAFT MIT DEM KATER VON NEBENAN

Ich finde, Hunde sind ganz wunderbare Geschöpfe.
Weil sie uns mit bedingungsloser Liebe begegnen.
Deshalb sind sie mir Vorbilder an Lebendigkeit.

GILDA RADNER

Am ehesten vergleichbar noch mit einem der Todesstrahlen
aus einem Science-Fiction-Film.

Im Zuge unserer Recherchen sind wir auf eine Meditation gestoßen, von der wir uns vorstellen können, dass sie Halbschwester in Zukunft helfen wird, das Gebot zu befolgen, niemandem Schaden zuzufügen und keinen ums Leben zu bringen. Damit tut sie sich momentan nämlich außerordentlich schwer. Sobald sie den Kater von nebenan sieht (oder überhaupt irgendeine Katze), lässt sie den *Achtfachen Pfad* augenblicklich hinter sich und rennt querfeldein aufs Dorf des schlechten Karmas zu.

In einem Augenblick kann aus *Rechter Absicht* die falsche Absicht und aus *Rechtem Handeln* Fehlverhalten werden. Da ist bei ihr zwar jede Menge Mühe und Konzentration im Spiel, aber mit Sicherheit anders als der Buddha sich das vorgestellt hatte. Das Ganze wurde auch nicht gerade durch unsere Entdeckung verbessert, dass vor unser beider Ankunft bei Mom und Dad zwei Katzen im Haus lebten.

Für die Gemütsverfassung von Halbschwester jedenfalls war das absolut nicht förderlich. Vielmehr beobachtet meine Gefährtin Mom jetzt immer ganz genau, wenn sie im Haus saubermacht, hat sich bereits zweimal das Staubsauger-Handbuch durchgelesen und Gebrauchsanweisung sowie Inhaltsstoffe jedes einzelnen Putzmittels studiert. Da dieses Verhalten an eine Katzen-induzierte Zwangsstörung grenzt, ist entschiedenes Handeln erforderlich, um Schlimmeres zu verhindern. Deshalb hoffen wir jetzt, dass die Einleitung einer

Liebenden-Güte-Meditation Halbschwester hilft, die schockierende Erkenntnis zu verarbeiten, und sie wieder auf Kurs des *Achtfachen Pfades* zurückbringt.

Im Original lautet der Name dieser Praxis *Metta Bhavana*. Wobei »Metta« Liebe heißt (und zwar nicht in ihrer schmalzigen Form) und »Bhavana« für Entwicklung beziehungsweise Kultivierung steht. Daher die Bezeichnung »Entwicklung liebender Güte« oder auch nur »liebende Güte«.

Falls bei uns zu Hause je ein weiterer Spaniel einzieht, sollten wir ihn unbedingt Metta nennen, finden wir. Und sein buddhistischer Name? Ganz klar: Rechter Schmusehund!

Zuerst müssen wir uns jedoch mit der Übung selbst vertraut machen. Wie uns Kollege Bücherschrank freundlicherweise mitteilt, besteht diese Meditation aus Worten, Bildern und Gefühlen, die dazu dienen, sich selbst und anderen liebende Güte und Freundlichkeit entgegenzubringen. Jedes Mal, wenn wir die einschlägigen Sätze aussprechen, bringen wir die Saat vom guten Vorsatz an liebevollen Wünschen aus und pflanzen sie in unser Herz. Wie üblich müssen wir uns zunächst ein ruhiges Plätzchen suchen, an dem wir circa zwanzig Minuten lang ungestört sitzen können.

Während wir uns auf die Atmung konzentrieren, sagen wir innerlich die folgenden Sätze:

Möge ich liebende Güte empfinden.
Möge ich von inneren und äußeren Gefahren frei sein.
Möge es mir körperlich und geistig-seelisch gut gehen.
Möge ich gelassen, zufrieden und glücklich sein.

Die Übung beginnt damit, dass du dir selbst liebende Güte wünschst. Denn seien wir doch ehrlich: Solange du nicht in der Lage bist, sie dir selbst zu wünschen, sind deine Möglichkeiten, es für andere zu tun, praktisch gleich Null. Während du die obigen Sätze von dir gibst, stellst du dir dich selbst vor, und zwar genau so, wie du im Moment gerade bist. Deine Grundgestimmtheit ist dabei die tief in deinem Herzen verwurzelte liebende Güte.

Sprich nun die obigen vier Sätze wieder und wieder aus und lass sie sowohl deinen Körper als auch den Geist durchdringen. Während sich die liebende Güte in dir ausbreitet, wächst und gedeiht sie.

Sobald du in der Lage bist, dir selbst liebende Güte entgegenzubringen, kannst du dich auch anderen zuwenden und die Meditation auf sie ausweiten. Wir hier könnten uns im nächsten Schritt für Mom oder Dad oder auch füreinander entscheiden. Oder für Wendy, unsere Freundin, die unten am Fluss wohnt und drei Spaniels hat. Die Zuwendung könnte sie daher bestimmt gut brauchen. Bei ihren Hunden handelt es sich um einen Cocker, einen English Springer und eine Mischung aus beiden, ein echtes Sprocker-Mädchen. Früher nannte man solche Kandidaten Straßenköter oder Promenadenmischung – heute haben sie neue schicke Namen wie Cockapoo, Springerdoodle oder Jack Chi.

Wir entscheiden uns vielleicht am besten für die kleine Sprocker-Lady; hoffentlich hilft es ihr aus der Identitätskrise heraus, in der sie sich befindet. So oder so: Im nächsten

Schritt stellst du dir den betreffenden Menschen oder Hund vor und wiederholst dann mehrfach die Sätze:

Mögest du liebende Güte empfinden.
Mögest du von inneren und äußeren Gefahren frei sein.
Möge es dir körperlich und geistig-seelisch gut gehen.
Mögest du gelassen, zufrieden und glücklich sein.

Bei der bisher von uns genannten Auswahl handelt es sich, wie du bemerkt haben wirst, um Menschen, die wir mögen, oder nette Artgenossen und Artgenossinnen aus der Nachbarschaft. Empfohlen wird allerdings, die Übung auch auf Individuen ausweiten, auf die wir nicht so scharf sind. Okay, das kann ziemlich heikel sein. Weil dazu nämlich auch gewisse Tierärzte, Pferde, Leute, die unangemeldet an der Tür klopfen, miese Tölen wie Jack Russells, kleine Kinder im Rudel (speziell auf Rollern) oder auch der Gartenschlauch gehören. Und nicht zu vergessen: KATZEN.

Letztlich sind wir zu der Überzeugung gelangt, dass es das Beste wäre, wenn sich Halbschwester dazu aufschwingen könnte, dem Kater von nebenan liebende Güte zu wünschen. Aber daran muss sie erst noch arbeiten.

Momentan haben wir uns für die Tierärztin als Adressatin der folgenden Übung entschieden. Schließlich muss man ja zugeben, dass sie sich gut um uns kümmert. Was Leute, die unangemeldet an der Tür klopfen, betrifft, gab es einige Diskussionen. Denn Halloween steht vor der Tür (was auch immer das sein mag). Halbschwester fand Gefallen an der Idee einer »Liebenden-Grusel-Meditation«, hat sich dann aber doch dagegen entschieden. Letztes Jahr standen *Unmengen* von ihnen bei uns vor der Tür, in jeder nur denkbaren Form und Größe, aber alle angemessen gruselig und scharf auf Süßes. Sogar ein als Skelett verkleideter Hund war mit von der Partie! Weil er sich das Kostüm aber bestimmt nicht selbst ausgesucht hat, werden wir ihn wohl oder übel irgendwann in unsere Liebende-Güte-Meditation einbeziehen müssen. Zudem hat er an dem Abend niemanden erschreckt außer sich selbst.

Als letzten Schritt bietet die Metta-Meditation die Möglichkeit, allen Wesen auf unserem Planeten liebende Güte zu wünschen. Eigentlich gehört dazu auch der Rote von nebenan; da er jedoch nicht ausdrücklich erwähnt wird, zeigt sich sogar Halbschwester einverstanden. Ist doch immerhin ein Anfang!

Mögen sie liebende Güte empfinden.
Mögen sie von inneren und äußeren Gefahren frei sein.
Möge es ihnen körperlich und geistig-seelisch gut gehen.
Mögen sie gelassen, zufrieden und glücklich sein.

Nachdem wir alle mit einbezogen haben – uns selbst, die Tierärztin sowie andere auf unserem Planeten –, ist es Zeit für eine wohlverdiente Ruhepause. Daran schließen sich eine Runde durch den Garten und eine Partie Tennisball-Aerobic an.

Da wir die Liebende-Güte-Meditation für ausgesprochen vielversprechend halten, werden wir sie von nun an täglich durchführen – in der Hoffnung, dass sie Halbschwester hilft, ihre innere Mieze zu entdecken.

Zur Vorbereitung auf Halloween trainieren wir das Bellen und Grimmige-Gesichter-Ziehen. Ein bisschen hoffen wir auch, dass der West Highland White Terrier ein paar Häuser die Straße runter nicht wieder als Skelett verkleidet bei uns auftaucht. Falls doch, meint meine Gefährtin, würde ihn das für den Rest seines Lebens nicht mehr loslassen, und stellt sich als Trost den Roten von nebenan als Klobürste verkleidet vor. Allem Anschein nach muss da noch *reichlich* liebende Güte praktiziert werden.

GARTENZAUN-MEDITATION

Zu unserer großen Überraschung ergreift heute Halbschwester die Initiative. Auf eigene Faust macht sie mit dem Kollegen Bücherschrank einen Termin zur Erörterung ihres Verhältnisses zu Katzen und der Frage aus, warum sie partout der Versuchung nicht widerstehen kann, sie zu jagen. Die Überlegung dahinter: Um etwas verändern zu können, muss zunächst einmal das zugrunde liegende Problem verstanden werden. Wobei Halbschwester das Wort »Problem« bislang in diesem Zusammenhang nie in den Sinn gekommen wäre.

Im Bestand des Kollegen Bücherschrank befindet sich ein Werk mit dem Titel *Die Geschichte des Hundes*. Das scheint doch ein recht guter Ausgangspunkt zu sein. Die erste Frage, die sich stellt, lautet: »Warum jagen Hunde Katzen?« Nun, vor etwa zwölftausend Jahren wurde der Hund vom Menschen domestiziert. So heißt es jedenfalls. Zuvor muss es sich bei den Vierbeinern demnach um wilde Tiere gehandelt haben. Infolgedessen stellt die Jagd auf Katzen nichts anderes dar als ein vollkommen natürliches Verhalten.

Wir waren zur damaligen Zeit sowohl Jäger als auch Aasfresser – und Katzen (neben allem anderen, was wir so finden konnten) einfach Beute. Deshalb fressen die meisten Hunde heute noch wahllos alles Mögliche. Dieses auch Beutetrieb genannte Verhalten ist fest in unseren Hirnen verdrahtet. Sobald wir irgendetwas sehen, dem sich nachstellen lässt, sind wir deshalb auf und davon, auch wenn wir gerade erst unsere Hauptmahlzeit hatten. Hoffen wir also, mit unserer Meditationspraxis dazu beitragen zu können, dass sich unsere Hirne neu verdrahten und wir mitfühlender werden.

So ist es jedenfalls kein Wunder, dass der Rote von nebenan mit Lichtgeschwindigkeit Reißaus nimmt, wenn er einen von uns sieht. Denn zumindest für Halbschwester ist er einfach eine pelzige Delikatesse auf Beinen. Und was die Klassifizierung als Aasfresser angeht – oder Müllschlucker –, die kann ich durchaus nachvollziehen, schließlich gibt es praktisch nichts, was Halbschwester im Laufe der Jahre noch nicht geschluckt hätte.

Viele ihrer *Fresskapaden* sind längst fester Bestandteil unseres häuslichen Spaniel-Erzählschatzes. Erzählt werden die Geschichten gern zu Weihnachten oder wenn Besuch da ist. Und sie verblüffen immer wieder. Ein ganzes Buch könnten wir mit ihnen füllen, würden wir es darauf anlegen. Aber die berühmteste ist zweifellos die von dem ganzen Lametta, das Halbschwester vom Christbaum gefressen und dann als gleichsam in glitzerndes Geschenkpapier eingepackte Häufchen wieder von sich gegeben hat.

Unter anderem sind auch folgende Artikel schon in meiner Gefährtin verschwunden: Alufolie, Hundespielzeug aus Seil, Pflanzen, Erde, Teile von Moms Nähzeug, eine Maus – und der Rekordfavorit: Papiertaschentücher. Deshalb darf man Halbschwester wohl mit Fug und Recht als große Müllschluckerin bezeichnen.

Nach einer produktiven Sitzung mit dem Kollegen Bücherschrank scheint sie genau zu wissen, warum sie Katzen jagt und verabscheut. Die Frage ist jetzt nur, ob sie geneigt ist, irgendwas an ihrem Verhalten zu ändern.

Am nächsten Tag rafft Halbschwester ihre gesamte *liebende Güte* sowie den *Anfängergeist* zusammen und frappiert uns alle damit, dass sie sich mit dem einzigen Ziel in den Garten begibt, den Roten von nebenan in Meditation durch den Zaun zu betrachten. Wäre sie ein Kraftfahrzeug mit Automatikgetriebe, würde sie jetzt den Wahlhebel betätigen, um von Lauer auf Leerlauf umzuschalten. Da sie allerdings keine Fahrprüfung abgelegt, geschweige denn bestanden hat, allerhöchstens in Theorie, könnte diese Fahrt ziemlich holprig werden.

Eines muss an dieser Stelle jedoch gesagt werden: Der Umstand, dass Halbschwester den Roten durch die Spalten im Zaun betrachtet, ist als solcher nicht ungewöhnlich. Im Gegenteil: Es handelt sich hier um ein tägliches Ereignis, zu dem auch entschiedenes Auf-und-ab-Marschieren sowie gewohnheitsmäßiges Bellen gehören. Doch eine Liebende-Güte-Meditation in Anwesenheit des Roten? Ist in etwa so wahrscheinlich, als käme plötzlich die Titanic den Fluss hochgeschippert, um zu verkünden, sie hätte sich die ganze Zeit über bloß versteckt.

Zu Beginn dieses monumentalen Moments in der Meditationsgeschichte nimmt Halbschwester in gerader, würdevoller Körperhaltung auf dem Boden Platz. Sie holt ein paarmal achtsam Luft und richtet ihren Blick durch eine der Spalten im Zaun dem Roten von nebenan direkt in die Augen. Was für eine Szene! Am ehesten vergleichbar noch mit einem der Todesstrahlen aus einem Science-Fiction-Film.

Der Rote ähnelt jetzt einer Statuette und ist sehr, sehr verwirrt. Seine Körperhaltung hat nichts Würdevolles an sich, sondern gemahnt eher an die des Ausguckers bei einem Banküberfall, der, in höchster Alarmbereitschaft, alles im Auge behält und jederzeit bereit ist, seine Leute zu warnen.

Nun bringt Halbschwester den *Anfängergeist* ins Spiel und nimmt den Roten wahr, als hätte sie ihn noch nie zuvor gesehen. Wobei man sagen muss, dass er geradezu unglaublich rot ist – sogar seine Augen scheinen rötlich zu schillern. Er sieht aus, als hätte er sich an Tomatensaft übersoffen.

Betrachtet man sein Fell nicht nur oberflächlich, sieht man, dass es in Wirklichkeit gestreift ist. Und einen großen, buschigen Schwanz hat er. Überraschenderweise sieht er bei dieser Art des Hinschauens viel kleiner aus als sonst.

Der Kater rührt sich nicht vom Fleck – was daran liegen könnte, dass er sich hinter dem Zaun in Sicherheit wähnt. Vielleicht aber hat er auch lediglich Angst.

Da so weit alles in Ordnung ist, macht Halbschwester einfach weiter im Text und wünscht zunächst sich selbst liebende Güte. Schließlich braucht sie jedes bisschen Hilfe, das sie bekommen kann. Denn ihr Drang, den Roten niederzumachen, ist schier unüberwindlich. Und ihre Selbstbeherrschung bislang beeindruckend.

Nachdem sie sich eine Weile geerdet hat, wendet sich meine Gefährtin dem heiklen Teil der Meditation zu. Zwar mit zusammengebissenen Zähnen, aber immerhin ... wünscht sie dem Roten von nebenan:

Möge er liebende Güte empfinden.
Möge er von inneren und äußeren Gefahren frei sein.
Möge es ihm körperlich in seinem gestreiften Fell
und geistig-seelisch mit seinem Katzengeist gut gehen.
Möge er gelassen, zufrieden und glücklich sein.

Während sie jeden dieser guten Wünsche mehrere Male wiederholt, hat sie ihren Todesstrahl-Blick starr durch den Gartenzaun gerichtet. Der bleibt wundersamerweise ganz, der Rote, seinerseits bewegungslos, sitzt wie gelähmt da. Dass er schon voller liebevoller Güte ist oder sich von inneren und äußeren Gefahren frei fühlt, glaube ich eigentlich nicht. Mag allerdings sein, dass er sich in seinem gestreiften Fell und mit dem dazugehörigen Katzengeist wohlfühlt.

So richtig, richtig entspannt, glücklich und zufrieden aber wird er *definitiv* erst in dem Moment, in dem Halbschwester die Übung beendet und in die Küche eilt. Mir ist ganz so, als sähe ich eine Träne in seinem Augenwinkel. Allerdings könnte es gut und gern eine Träne der Erleichterung sein. Derweil hat sich Halbschwester ein bisschen hingelegt. Sie freut sich über ihre Fortschritte, betet aber auch, dass von den ortsansässigen Spaniels keiner das Geschehen beobachtet hat.

Als am nächsten Tag die Sonne über dem Garten untergeht, ist er wieder da, in seinem gestreiftem Fell, mit Katzengeist. Diesmal wirkt er nicht mehr ganz so aufgeregt; vielleicht ist er jetzt kein Ausgucker mehr beim Überfall auf eine Bank, sondern ermittelnder Kriminaler auf Indiziensuche. Allerdings pendelt sein Schwanz vage hin und her, was immer für ein gewisses Unbehagen spricht.

Als Halbschwester ihn durchs Fenster beobachtet, zitiert sie einen Satz aus ihrem Lieblingsfilm, *Kevin – Allein zu Haus*: »Wollt ihr jetzt aufgeben, oder wollt ihr noch mehr?«

Während sie gemächlich in den Garten schlendert, wirft sie den Schatten eines English Springer Spaniels. Kollege Bücherschrank, total von den Socken ob dieser Entwicklung, sucht krampfhaft nach einem Band über Hypnose, denn nur mit diesem Phänomen kann er sie sich erklären.

Auf ihrem kleinen Rundgang ist meine Gefährtin derweil am Gartenzaun angelangt und nimmt als Vorbereitung auf eine weitere Runde Liebende-Güte-Meditation vorsichtig eine würdevolle Körperhaltung ein.

So geht es von nun an Tag für Tag: Pünktlich auf die Minute trifft der Rote von nebenan ein und Halbschwester führt die *Metta-Bhavana*-Übung durch. Manchmal schnurrt der Kater dabei, bei anderer Gelegenheit bleibt er stumm sitzen, wie fixiert von Halbschwester, der frisch gebackenen Katzen-Meditationsmeisterin.

Nach einigen Wochen wird das Renommee meiner Halbschwester durch die Ankunft eines zweiten Kunden aufpoliert: des Weißen von zwei Türen weiter. Na ja, des *Fast-Weißen* – sein weißer Schwanz hat eine schwarze Spitze. Vielleicht war er in einem früheren Leben einmal vollkommen schwarz und ist dann – nicht ganz perfekt – umgespritzt zurückgekommen.

Kollege Bücherschrank beschränkt sich diesmal darauf, das Geschehen bass erstaunt durch die Fensterscheibe zu beobachten. All seine Bücher über Hypnose, Telepathie, Traktor- und Todesstrahlen haben nichts ergeben. Null.

Am Ende des Monats ist die Katzen-Meditationsgruppe von Halbschwester auf fünf angewachsen. Und besteht jetzt aus dem Roten von nebenan, dem Weißen von zwei Türen weiter, den zwei Dicken von gegenüber und einem Siamesen, auch Orientalisch Kurzhaar genannt. Der ist erst neu zugezogen. Und stammt vermutlich, wie Kollege Bücherschrank meint, aus dem Ausland. Er hat furchterregend blaue Augen und kommt um die Ecke geschlichen wie die Schlange, die einen Backstein verschluckt hat. Noch sehen wir uns nicht in der Lage, uns ein endgültiges Bild von ihm zu machen.

Definitiv eine ganze Menge liebende Güte können die beiden Dicken gebrauchen, die sind momentan nämlich ziemlich angeschlagen. Die Tierärztin hat ihnen Steroide gegen ihr Asthma verschrieben, und jetzt sehen sie aus wie zwei vierbeinige Sumoringer. Man kann sie schon von Weitem keuchen hören. Vor lauter Angst, sie könnten platzen, hat Halbschwester sogar aufgehört, ihnen nachzujagen. Aber egal. Jetzt sitzen sie alle aufgereiht wie die Orgelpfeifen in der jeweiligen würdevollen Körperhaltung da und können es kaum erwarten, dass die Zen-Meisterin endlich anfängt. Bei dieser gelassenen Grundeinstellung bleibt es hoffentlich auch, denn sonst brauchen wir dringend einen stabileren, höheren Gartenzaun.

Nach einer Weile stillen Dasitzens geht Halbschwester zur Beobachtung der Atmung über. Was für alle okay ist mit Ausnahme der beiden Dicken. Aber auch die geben ihr Bestes: keuchen ein ... röcheln aus ... Anschließend kämpft sich Halbschwester durch alle Liebende-Güte-Zeilen, und das war's dann.

Aufgrund der steigenden Nachfrage hat sie den Montag zum »Tag der Liebenden-Güte-Meditation« erklärt. Die üblichen fünf Verdächtigen stellen sich allwöchentlich ein, hinzu gesellt sich gelegentlich der eine oder andere Streuner. Müssen die beiden Dicken (oder irgendein anderer Teilnehmer) montags zur Tierärztin, bietet Halbschwester auch mal einen Ersatztermin an. Den widmet sie dann meistens der Atemraum-Meditation, die sich besonders gut für schwierige Zeiten eignet. Und was eine mögliche Jagd auf ihre Klienten betrifft ... die wäre bestimmt nicht unbedingt gut fürs Geschäft, oder?

NACH EINGEHENDER BETRACHTUNG IM BAMBUSWÄLDCHEN

Unabhängig vom veränderten Verhältnis meiner Halbschwester zu Katzen und ihrem neu entdeckten Wunsch, Meditationslehrerin zu werden, interessiert uns doch auch, wie sich diese gesamte liebende Güte wohl auf das Leben ihrer Klienten auswirkt. Anscheinend wird weniger auf der Straße gekämpft und dafür mehr auf dem Gartenzaun gesessen und es werden die Bäume oder der Himmel bestaunt. Die Frage ist nur, wie sie sich verhalten, wenn sie auf der Jagd sind. Uns würde die Vorstellung gefallen, sie würden über das Leben nachdenken, statt es anderen zu nehmen.

Damit die Herrschaften nicht faul und behäbig werden, aber auch, um den eigenen Ruf zu schützen, haut Halbschwester hin und wieder eine von ihnen vom Zaun. So wie Zen-Meister ihren Schülern Stockhiebe verpassen, damit sie beim Meditieren nicht einschlafen.

Ein tolles Ergebnis wäre es, wenn meine Gefährtin einen Kreislauf des Mitgefühls erschaffen würde und alle Lebewesen von der Liebenden-Güte-Übung profitieren könnten, die sie lehrt. Dem Buddha würde das bestimmt ein Lächeln entlocken.

Und was den Kollegen Bücherschrank betrifft, nun, ihm ist klar geworden, dass manche Dinge im Leben einfach Mysterien des Universums sind – jenseits von Zeit und vermeintlichen Gewissheiten. Sagt er selbst, nicht wir.

9

AUF DEM SPIELFELD DES BEWUSSTSEINS

*Es gibt Momente in unserem Dasein,
da Raum und Zeit an Tiefe gewinnen und wir
unsere Existenz unermesslich stark empfinden.*
CHARLES BAUDELAIRE

Heute sind wir auf diesem sogenannten Bewusstseinsfeld nicht allein.
Wir haben Gesellschaft und Halbschwester ist ganz aufgeregt.

Bislang haben wir geübt, unsere Aufmerksamkeit immer nur auf ein einziges Objekt zu lenken, wie zum Beispiel den Atem, den Körper oder ein Geräusch. Aus den Büchern, die wir zu dem Thema konsultiert haben, geht hervor, dass diese Methode im Allgemeinen als *fokussierte Aufmerksamkeit* bezeichnet wird.

Wenn wir regelmäßig jeden Tag meditieren, besteht offenbar die Chance, dass unser Geist konzentriert und ganz ruhig wird.

Kürzlich haben wir jedoch noch eine andere Form der Aufmerksamkeit entdeckt, die sogenannte *offene Aufmerksamkeit*. Dabei handelt es sich dem Vernehmen nach um eine entspanntere Form der Aufmerksamkeit: weiter, allumfassend. Wie Halbschwester berichtet, erinnert sie das an die Meditationen, in denen wir alles Erleben im Moment seines Entstehens und Vorübergehens beobachten. Wir können uns auf etwas Bestimmtes fokussieren und gleichzeitig alles andere im Blick behalten. Das ist tatsächlich ähnlich wie im letzten Teil der Sitzmeditation, wenn wir gehalten sind, den Fluss all dessen zu beobachten, was in uns und um uns herum geschieht.

Bei unseren Recherchen sind wir oft auf ein sogenanntes Bewusstseinsfeld gestoßen, das nach Möglichkeit erweitert werden sollte. Glücklicherweise weiß Halbschwester genau, wo sich dieses Bewusstseinsfeld befindet und wie man hinkommt, da gibt es für uns kein Halten mehr.

Wir rennen los, Halbschwester voran, durch die Tür und die Straße entlang. Unterwegs kommen wir bei der Tierärztin für die Menschen vorbei; wie üblich ist da mordsviel los, die Schlange reicht bis auf den Bürgersteig. Wir tun so, als hätten wir nichts gesehen, und verhalten uns möglichst unauffällig. Schließlich könnte ja Impftag sein. Dann müssen wir die Straße überqueren und folgen ihr entschlossen in Richtung des belaubten Wanderwegs.

Solltest du jedoch glauben, das mit der Straße wäre so easy gewesen, wie es hier zu lesen ist, hast du dich geschnitten. Diese Strecke zieht sich jedes Mal wie Gummi, weil da nämlich Halbschwester immer darauf besteht, einen auf Kfz-Mechanikerin zu machen. Das heißt, jeden Wagen, der auf der Straße steht, muss sie inspizieren, inklusive Reifen, Auspuff und Bremsen, erst dann beendet und attestiert sie die TÜV-HU (das Tierische Überwachungsverfahren gegen Hauskatzen-Unverschämtheit). Verrückt ist nur: Der einzigen unverschämten Hauskatze, die ich je unter einem Pkw gesehen habe, bin ich begegnet, als ich einfach nur an dem Auto vorbeigegangen bin und mich um nichts anderes gekümmert habe als meine eigenen Angelegenheiten. Das Beweisstück trage ich immer noch ständig bei mir – die Narbe auf meiner Nasenspitze.

Seinem inoffiziellen Namen so richtig gerecht wird der belaubte Wanderweg im Herbst. Wenn er sich unter den Füßen anfühlt wie Teppichboden und mit einer Unmenge verschiedener Farben und Duftnuancen brilliert. Am besten bleibt man übrigens in der Mitte des Weges, denn an den Rändern drohen Angriffe der Killerkletten. Diese zu allem entschlossenen Plagegeister bestehen darauf, dass du sie mit zu dir nach Hause nimmst. Halbschwester zufolge können sie an Körperstellen auftauchen, von deren Existenz du bislang gar nichts wusstest.

Interessanterweise heißt der belaubte Wanderweg das ganze Jahr über belaubter Wanderweg, auch in komplett laublosen Zeiten. Ein Teil des Weges besteht übrigens aus Stufen – *zwanzig* Stufen, um genau zu sein. Wir wissen das, weil Dad und ich sie beim Hochgehen einmal gezählt haben. Und dann noch mal auf dem Rückweg – einfach, um sicherzugehen.

Apropos: Trotz eines Handlaufs kann sich die Kombination aus Blättern, Stufen und Spaniels gerade beim Runtergehen als verhängnisvoll erweisen. Dann kann der belaubte Wanderweg direkt in die Notaufnahme führen.

Nie war dieser Dreiklang so brandgefährlich wie an jenem Winternachmittag, als Mom und Halbschwester besagte Stufen runtergingen. Zwar hat die Sonne geschienen, aber das Blitzeis lauerte schon wie eine Katze auf die Maus. Und auf der letzten Stufe ... wusch! Da Mom nicht in der Lage war aufzustehen, geschweige denn einen Fuß vor den anderen zu setzen, blieb ihnen nichts übrig, als die mobilen Tierärzte für Menschen zu rufen.

Nun war Halbschwester zu der Zeit noch sehr klein und saß einfach nur da, total welpenhaft süß, während sie auf den Rettungswagen warteten.

Eine nette Dame, die den Vorfall beobachtet hatte, bot freundlicherweise an, Halbschwester mit zu sich nach Hause gleich ums Eck zu nehmen, bis Dad kommen und sie abholen konnte. Was in der Zeit bei der netten Dame geschah, ist bis heute ein Geheimnis. In Dads Version war sie, als er bei ihr eintraf, völlig erschöpft und mit den Nerven am Ende. Vor allem aber überaus erleichtert, ihn zu sehen.

Der gesamte Küchenboden war mit Zeitungsschnipseln und Pappfetzen bedeckt. Wie die Dame Dad verriet, hatte sie einen Kater, und diesen habe Halbschwester die Treppe hochgescheucht, bevor sie wenig später wieder runterkam, um dem vierbeinigen Hausbewohner sein Abendbrot wegzufressen.

Das alles scheint die Dame Dad mit einem Lächeln auf den Lippen erzählt zu haben. Wobei womöglich ein Zittern ihrer Hände sowie leichte Zuckungen Aufschluss über die wahren Gefühle hätten geben können, die das Erlebnis mit Halbschwester bei ihr ausgelöst hatte.

Nach einer weiteren Inspektion des Hauses schlitterte meine Gefährtin wieder die Treppe runter, wobei sie einen Klumpen Katzenfutter elegant auf ihrer Nase balancierte. Von dem hier eigentlich heimischen Schnurrer war weit und breit nichts zu sehen.

Wie Dad meint, habe Halbschwester dabei eine fiese Miene zur Schau getragen, die ihm nie zuvor aufgefallen sei. Seit jenem verhängnisvollen Tag allerdings haben wir es schon bei so einigen Gelegenheiten bemerkt.

Als Dad schließlich gehen wollte, verabschiedete sich die Dame mit der Bemerkung, eigentlich sei sie ja ein Katzenmensch; sollte sie jedoch je beschließen, sich einen Hund zuzulegen, hätte sie gern einen wie Halbschwester. Was wir daraus schließen können? Entweder kam die Dame gerade aus dem Krankenhaus, war Politikerin oder stand noch unter Schock. Aber ich schweife ab. Denn eigentlich wollte ich ja über den belaubten Wanderweg und unseren Ausflug zum Bewusstseinsfeld sprechen.

Sobald du (aufrecht oder auf dem Hintern rutschend) am unteren Ende des belaubten Wanderwegs angekommen bist, kannst du den Eingang dessen sehen, was Halbschwester als »Bewusstseinsfeld« bezeichnet. Manchmal ist es total leer, abgesehen von Gras und Bäumen; hin und wieder kommt vielleicht ein Vogel vorbei oder ein Kaninchen, aber das war's dann auch schon. Um das Feld herum stehen Bäume und Büsche; die Sicht auf den Fluss wird ebenfalls von Bäumen verstellt.

Erreichen lässt sich das Feld auch über eine kleine Brücke, die den Fluss überspannt. Bei dem es sich natürlich um eben den Wasserlauf handelt, in dem auch besagte tote Maus von Halbschwester die Reise ihrer Reinkarnation angetreten hat.

Die Brücke ihrerseits ist grün und durch die Spalten zwischen ihren Bohlen kann man das Wasser fließen sehen. Außerdem ist sie schmal, im Grunde nicht einmal breit genug, dass zwei Hunde und ihr Halter oder ihre Halterin sie gleichzeitig überqueren können. Weshalb man manchmal warten muss, bis es so weit ist.

Für Halbschwester steckt der Fluss voller Erinnerungen. Unter anderem auch die, als sie noch klein war und Mom auf einem Spaziergang ein Stöckchen ins Wasser geworfen hat. Ohne zu überlegen, ist die Kleine ihm nach und in den Fluss gesprungen. Irgendwann hat sie es zwar wieder ans Ufer geschafft, zu ihren schönsten Erinnerungen gehört diese Episode trotzdem nicht.

Im Übrigen könnte diese erste Begegnung mit der Kombi aus Wasser, Husten, Prusten und Spucken durchaus der Grund für ihren tiefsitzenden Hass auf alles sein, was mit Bädern und Waschen zu tun hat.

Heute sind wir auf diesem sogenannten Bewusstseinsfeld nicht allein. Wir haben Gesellschaft, und Halbschwester ist ganz aufgeregt. Wendy, die unten am Fluss wohnt, ist schon da und hat ihre drei Spaniels mit dabei. Ich mobilisiere alle meine – zugegebenermaßen bescheidenen – Rechenkünste und komme zu folgender Gleichung: Drei plus zwei macht *fünf* Spaniels. Zu viele offenbar für den Golden Retriever, der am Eingang zum Feld am Fluss steht. Sein Halter scheint mit dem Gedanken zu spielen, das Gelände zu betreten, der Hund aber sieht aus, als würde er lieber zur Tierärztin gehen, statt sich auf diesen Spanielwahnsinn einzulassen.

Okay. Kurze Bestandsaufnahme: Ein braun-weißer English Springer Spaniel, ein schwarzer Cocker Spaniel sowie ein Schwarz-weiß-Mix aus English Springer und Cocker Spaniel; hinzu kommen meine Wenigkeit (schwarz-weiß) und Halbschwester (braun-weiß).

Nun ist es wohl an der Zeit hinzuzufügen, dass der Cocker seit einem traurigen Missgeschick nur noch ein Auge hat. Abgesehen davon geht's ihm aber gut. Sein Sehvermögen mag eingeschränkt sein, als Ältester von uns hat er aber wohl eh alles längst schon mal gesehen. Deshalb ehren wir ihn auch mit seinem buddhistischen Namen, der da lautet: Rechter Ein-Blick.

Sobald wir von der Leine gelassen werden und auf das Feld stürmen, kann das Abenteuer beginnen. Das ist ein bisschen wie beim Meditieren: wenn du den Atem Atem sein lässt und nur noch auf alles achtest, was aufsteigt und vorbeizieht, also dein Erleben und Erfahren im Entstehen und Vergehen beobachtest.

Dieses Kommen und Gehen so vieler Spaniels hat letztlich zur Folge, dass der Golden Retriever sein Herrchen überredet, woanders mit ihm hinzugehen. Egal, wohin. Hauptsache weg.

Mich bringt das Spiel auf dem Gelände dazu, übers Leben und Meditieren nachzudenken. Das Übers-Feld-Rennen stellt für mich jetzt praktisch eine einzige ausführliche Übung dar – eine lange Abfolge vieler Einzelmomente. Manchmal registriere ich den Atem, bei anderer Gelegenheit die vom Laufen und Jagen ausgelösten Empfindungen. Hinzu kommt das bewusste Hören, insbesondere die akustische Wahrnehmung von Gebell und Knurren.

Was ich dabei nicht tue: Weder erinnere ich mich ans letzte Mal, an dem ich das getan habe, noch frage ich mich, wann es wieder dazu kommen mag. Vielmehr renne ich einfach nur. Im Hier und Jetzt, in diesem Moment. Den ganzen anderen Quatsch überlasse ich gern den Menschen.

Während ich meinen Spaß am Nachlauf-Spiel mit dem Spaniel-Rudel habe, arbeitet Halbschwester an der Erschaffung guten Karmas. Ist wahrscheinlich eine Folge ihrer ganzen Liebende-Güte-Meditationen in letzter Zeit.

Zum Auftakt ihrer Kollektion auf dem Weg zu gutem Karma versucht Halbschwester, den einäugigen Cocker Spaniel aufzuheitern. Und zwar, indem sie ihm versichert, dass er links nicht das Geringste verpasst. Weil sich nämlich alles Gute auf Seiten des Rechten Ein-Blicks abspiele. Das gefällt ihm offenbar.

Als Nächstes führt Halbschwester ein tiefgründiges Gespräch mit der Sprocker-Dame über die Vorteile, die sie davon hat, ein Mix aus English Springer und Cocker zu sein.

Halbschwester schlägt ihr vor, sie könne doch den einen Tag als Springer verbringen und den nächsten als Cocker, je nachdem, wonach ihr gerade der Sinn stehe. »Und wenn du mal gar nicht weißt, wer du gerade sein willst«, fügt sie hinzu, »dann sei doch einfach die, die du bist.«

Das zu hören und total aus dem Häuschen zu geraten, ist bei der Sprocker-Lady eins. Ihre Identitätskrise scheint damit passé. Halbschwester wiederum ist allem Anschein nach äußerst zufrieden mit sich. Und als sie sich dem Rudel wieder anschließt, mit uns rumrennt und die Nase in den Wind hält, zeichnen sich ihre Bewegungen durch ein gewisses Federn im Schritt aus.

Nach halbstündigem Umherrasen auf dem sogenannten Bewusstseinsfeld ist es an der Zeit, auf dem belaubten Wanderweg wieder heimzutrotten.

Unmittelbar bevor wir an unserer Haustür ankommen, entdeckt Halbschwester mit einem Mal die Postzustellerin auf ihrer Runde. Die beiden kennen sich schon lange. Als Welpe hat Halbschwester geholfen, die Post in der Siedlung zu verteilen, und bekam zur Belohnung von der Postlerin einen derer Spezialkekse. Wobei ... das Wort »helfen« würde die Zustellerin wahrscheinlich eher nicht verwenden, und der Keks diente wohl auch mehr dazu, Halbschwester abzulenken, während die Frau die verschmutzten Briefsendungen wieder einsammelte.

Aber Halbschwester war damals auf einer Mission. Die Kekse bewahrt die Postzustellerin in ihrer Uniform-Tasche auf. Für den Fall, dass sie einem unbotmäßigen Kläffer begegnet ... oder eben auch einem English Springer Spaniel im Posthund-Praktikum.

Die geballte Erinnerung hieran lässt im nächsten Moment das gesamte gute Karma verpuffen, das meine Gefährtin in letzter Zeit angesammelt hat, so schnell, wie ein Eichhörnchen den Baum hochhuscht. Und wie all die anderen von meiner Gefährtin Beklauten bemerkt auch die Dame von der Post zunächst nicht, dass sie gerade Opfer eines Raubüberfalls geworden ist. Kein Wunder: Halbschwester kann einem ein Papiertaschentuch oder einen Keks aus der Tasche klauen und man merkt es erst, wenn es zu spät ist. Ebendies beschreibt heute also auch das Schicksal der Zustellerin, deren Keksvorrat im Nu verschwindet. Und irgendwie ist diese Fähigkeit meiner Halbschwester ja durchaus auch bewundernswert.

Doch sobald wir zu Hause ankommen, rennt sie schnurstracks in den Garten und aufs Bambuswäldchen zu. Dabei gibt sie sich alle Mühe, nicht versehentlich auf eine Ameise zu treten. Ihrem Gesichtsausdruck nach zu urteilen, denkt sie intensiv über ihr Fehlverhalten nach. Und man lässt sie jetzt am besten erst einmal vollkommen in Ruhe.

Kollege Bücherschrank, der Halbschwester durchs Fenster beobachtet, findet, sie gehe zu hart mit sich ins Gericht. Er hat sich noch einmal in den Schriften des Buddhas kundig gemacht und ist dabei auf Erkenntnisse gestoßen, die ich meiner Gefährtin unbedingt weitergeben muss.

Wie der Buddha mehrfach betonte, stellen seine Lehrreden einen Schulungspfad dar. Dabei handelt es sich nicht etwa um strikte Regeln, sondern eher um Anhaltspunkte für eine ethisch vertretbare Lebensführung. Und wir alle können aus unseren Fehlern lernen.

Ebenso selbstkritisch wie kleinlaut erklärt Halbschwester, sie habe das Gebot, sich nichts zu nehmen, was einem nicht gehört, übertreten. Inzwischen sei ihr jedoch klar geworden: Wäre sie nur geduldiger und weiser gewesen, hätte ihr die Dame von der Post wahrscheinlich gern freiwillig einen Keks gegeben.

Mit einem ebenso weisen wie gerissenen Grinsen zieht sie ab und bezieht vor dem Gartenzaun Stellung, zur Kontemplation des Roten von nebenan. Das Gleichgewicht ist wiederhergestellt.

Nach einer Weile kehrt sie ins Haus zurück und gesellt sich zum Kollegen Bücherschrank und mir, die wir gerade eine Diskussion über Aufmerksamkeit führen. Da wir dabei auf keinen grünen Zweig kommen, freuen wir uns, sie zu sehen – neigt sie doch verlässlich dazu, das Thema zu wechseln.

Minuten später lässt Halbschwester eine weitere Perle aus dem Schatz ihrer Weisheit von der Leine. Ich versuche sie so gut es geht zu übersetzen:

Meiner Gefährtin zufolge können wir nicht unser Körper sein, weil der nämlich nie tut, was man ihm sagt – sondern vielmehr sein eigenes Ding durchzieht. Angenommen, dir tut der Bauch weh, dann kannst du nicht einfach hergehen und dem Körper sagen, er solle damit aufhören. Weil er nämlich gar nicht auf dich hört.

Des Weiteren wäre da der Geist. Angenommen, du versuchst dich zu konzentrieren, und Umherschweifender Geist, diese nervige kleine Pestbeule, macht die Fliege. Wer, meinst du wohl, holt ihn dann zurück? Nicht der Geist. Denn der kann sich ja schließlich nicht selber wieder einfangen. Und um das jetzt mal zusammenzufassen: Wir sind weder unser Körper noch unser Geist. Daraus folgt, dass wir Bewusstsein sind. Was denn sonst. Mit diesen Worten dreht sie sich um und macht sich auf in die Küche.

Da Kollege Bücherschrank und ich dem allen spontan nichts entgegenzusetzen haben, verlegen wir uns auf stilles Grübeln, das wir aber auch bald wieder einstellen.

Von der Küche aus lässt uns Halbschwester wissen, dass das Bewusstsein jetzt nach seinem Abendessen verlange. Später, als wir alle auf dem Sofa liegen und unser abendliches Nickerchen halten, stammt auch der letzte Satz des Abends von meiner Gefährtin. Er lautet: »Das Bewusstsein ist wie ein Scheinwerfer, der den Schleier der Illusion durchdringt und offenlegt, was sich dahinter verbirgt.«

Danach schließen wir die Augen und gleiten hinüber ins Land des Nicht-Bewusstseins, fast überhaupt nicht gestört vom ungestümen Seiten-Umblättern des Kollegen Bücherschrank im Esszimmer.

DER BUDDHA IM BAMBUSWÄLDCHEN

Der nächste Morgen. Wer anders als der Buddha persönlich könnte heute wohl bei uns im Bambuswäldchen auftauchen? Also, natürlich ist er nicht den ganzen Weg von Indien hierher gewandert, nur um uns einen Besuch abzustatten. Er kommt lediglich aus dem Gartencenter am anderen Ende der Straße. Aber es war doch außerordentlich nett von Dad, dass er ihn ausgerechnet an unseren Lieblingsplatz stellt. Und wie majestätisch der Erleuchtete aussieht! So heiter und friedvoll. Wir mögen ihn sehr, auch wenn er fast den ganzen Platz im Bambuswäldchen beansprucht.

Halbschwester ist so aufgeregt wie zuletzt an dem Tag, an dem sie zum ersten Mal am Strand war. Nachdem sie eine Weile neben ihm gesessen hat, erklärt sie, dass wir unsere Betrachtungen im Bambuswäldchen ja von nun an quasi unter der Regie des Oberbosses anstellen würden.

Das Lächeln, das dieser im Gesicht trägt, führt sie auf den Umstand zurück, dass er nach all den Jahren endlich wieder mit seinem Hund vereint ist, Rechter Nervensäge. Um den Erleuchteten weiter zu beeindrucken, stellt sie ihr Können aus der Welpenschule unter Beweis, zeigt, wie gut sie die

Grundkommandos beherrscht, Sitz! und Platz! machen kann sowie im Kreis umhertänzeln. Was das angeht, lässt sich Halbschwester heute definitiv nicht lumpen.

Mit dem Abend treffen auch Regen und Wind ein. Der Regen peitscht durch die Bambushalme, und es windet dermaßen heftig, dass die Spitzen der Pflanzen sich bis fast zum Boden hinabbeugen. All das führt dazu, dass der Buddha extrem nass wird. Halbschwester, die gebannt durchs Fenster blickt, sagt nur: »Er sitzt da wie ein Berg, völlig unbewegt, lässt sich vom Wetter nicht aus der Ruhe bringen – lässt sich von gar nichts aus der Ruhe bringen.«

In der nächsten Sitzung ihrer Meditationsklasse für Katzen schärft Halbschwester ihren Teilnehmern ein, sich genau einzuprägen, wie der Buddha im Bambuswäldchen sitzt – das perfekte Bild einer vollendet würdevollen Körperhaltung. Im Versuch, es dem Buddha gleichzutun, schiebt sich die ganze Bagage in die richtige Position – sehr zur Zufriedenheit von Halbschwester. Die Meisterin und ihre Schüler. Sie wollen es ihr unbedingt recht machen. Wie sie jedoch alle versuchen, das verhaltene Lächeln des Buddhas nachzuahmen: Das ist schon etwas nervig. Schwer zu beschreiben, die Mienenspiele, die dabei entstehen. »Schnurrende Grimassen« kommt mir in den Sinn. Oder im Falle der dicken Asthmatiker vielleicht »feixendes, steroid-induziertes Keuchen«.

Während sie durch die Spalten im Gartenzaun lugen, beschließt Kollege Bücherschrank ein Buch zu lesen, um sich von dem gruseligen Anblick abzulenken. Der erinnere ihn, sagt er, an eine Horrorgeschichte, die er einmal gelesen habe, nur viel unheimlicher. Sobald alle in einer würdevoll grinsenden Körperhaltung dasitzen, beginnt Halbschwester mit dem Unterricht.

SITZEN WIE EIN BERG
(DIE MEDITATION »ICH LASS MICH
NICHT AUS DER RUHE BRINGEN«)

Inspiriert von der Gelassenheit des Buddhas im Bambuswäldchen bei so schlechtem Wetter, sucht Kollege Bücherschrank Halbschwester die Aufnahme einer *Berg-Meditation* heraus. Anlässlich der Ankunft des Erleuchteten wollen wir sie alle mal probieren. Außerdem würde Halbschwester gern herausfinden, ob sich die Übung auch für die Katzen-Meditationsgruppe nächste Woche eignet. Da es draußen wieder mal aus allen Kübeln schüttet (nein, wir reden hier nicht mehr von Katzen und Hunden!), werden wir drinnen tätig. Was das Wetter angeht: Aktuell nervt es uns noch, wir arbeiten aber daran, dass es uns nicht mehr aus der Ruhe bringt.

Die Berg-Meditation wird zumeist im Sitzen durchgeführt; in unserem Fall heißt das also wieder einmal: auf dem Hintern. Und die Menschen nehmen in der Regel auf einem Stuhl mit gerader Rückenlehne Platz.

Zu Beginn der Übung sollen wir uns aller Empfindungen bewusst werden, die durch das Sitzen hervorgerufen werden, und den Kontakt des Körpers mit der Sitzfläche registrieren.

Anschließend werden wir aufgefordert, eine stabile, ausgeglichene Haltung einzunehmen, was ein bisschen so ist wie bei der Crufts im Fernsehen. Dann sind wir bereit, die Augen zu schließen und uns auf unsere Atmung einzustimmen.

Die Stimme auf der CD erinnert uns daran, nicht über den Atem nachzudenken, sondern ihn lediglich bewusst wahrzunehmen. Sehr hilfreich! Währenddessen sollen der Körper zur Ruhe kommen und wir eine würdevolle Haltung einnehmen – ähnlich der des Buddhas bei uns im Garten.

Die nächste Anweisung ist ein wenig verwirrend. Wir sollen nämlich nach dem letzten Ausatmen eine etwas längere Pause einlegen, bevor es weitergeht. Bei uns ist dieser Atemverhalt gewöhnlich ziemlich kurz, trotzdem machen wir weiter.

Dann sitzen wir also in unserer würdevollen Körperhaltung da. Und sollen uns einen bildschönen Berg vorstellen. Das kann einer sein, den wir aus eigener Anschauung kennen, oder aber auch ein erfundener.

Ob wir je einen wirklichen Berg gesehen haben? Schwer zu sagen. Allerdings kennen wir einige ziemlich hohe Hügel, etwa im Lake District, in den Cheviot Hills an der englisch-schottischen Grenze. Und im Urlaub in Schottland haben wir auch welche gesehen. Ich habe mich schließlich für einen Berg entschieden, der an einen der ziemlich hohen Hügel dort erinnert. Die Wahl von Halbschwester ist dagegen auf einen monumentalen Berg im Himalaja gefallen. Nach einem ihrer Fernbedienungsklaus hat sie offenbar eine Sendung über das höchste Gebirge der Erde gesehen; und in der hat ihr Sir David Attenborough alles Wissenswerte darüber erzählt.

Laut akustischer Anweisung können wir den Hügel beziehungsweise Berg betrachten, wie wir mögen: aus der Ferne oder auch von ganz nah. Wir dürfen uns sogar vorstellen, auf seinem Gipfel zu stehen – allerdings unter der Voraussetzung, dass wir nie aus dem Blick verlieren, wie stabil und regungslos der Hügel oder Berg ist.

Dann sollen wir herausfinden, ob auf der von uns gewählten Erderhebung Schnee liegt, ob dort Bäume stehen oder Blumen zu sehen sind. Und wie steht's mit Tieren? Auf dem Gipfel meines Hügels liegt tatsächlich etwas Schnee; der Riese von Halbschwester ist sogar voll und ganz schneebedeckt. Wahrscheinlich schwirren auch irgendwo Kaninchen umher. Um jedoch unnötige Ablenkungen zu vermeiden, tun wir so, als wäre das nicht der Fall.

Aber wie bei allen Meditationen besteht natürlich auch bei dieser immer die Möglichkeit, dass Umherschweifender Geist überraschend hereinschneit.

Dessen Erscheinen kann von allem und jedem getriggert werden, und in diesem Fall war es eben tatsächlich das Wort »Schnee«. Kaum hat er es gehört, erinnert er sich an jenen Tag, an dem die ganze Siedlung eingeschneit war. Niemand konnte zur Arbeit, die Kinder konnten nicht in die Schule, und das einzig Sinnvolle, was man tun konnte, war, einen Schneemann zu bauen. Eine Zeit lang war alles wunderbar, Halbschwester befand sich mit Dad im Garten vor dem Haus und benahm sich vorbildlich. Doch dieses Idyll wurde schon im nächsten Augenblick zunichtegemacht, als ein paar Häuser die Straße runter jemand auf die Idee kam, der familieneigene

Schneemann brauche dringend eine Karottennase. Gaaanz schlechter Einfall!

Der Rest der Geschichte ist fester Bestandteil unseres Familien-Erzählschatzes – und typisch Halbschwester. Schneller, als irgendjemand »Karottennase« sagen kann, war sie die Straße runter, demolierte den Schneemann und kam mit der Möhre zurückgerast. Hinterlassen hatte sie die *totale* Verwüstung: Die Eltern waren völlig durcheinander, die Kinder heulten sich die Augen aus, und der Schneemann war kein Mann mehr, nur noch Schnee. Dads Job bestand nun darin, alle wieder zu beruhigen und eine Runde Gratis-Möhren auszugeben. Nur der Himmel weiß, wie viel schlechtes Karma an dem Tag angesammelt wurde.

Nach diesem von Umherschweifendem Geist angezettelten Zwischenspiel ist unsere Aufmerksamkeit nun zur Meditation zurückgekehrt und wir machen weiter. Beobachten eine Weile den Berg und beginnen dann mit dem nächsten Teil der Übung. Der besteht darin, dass wir uns vorstellen, wir könnten den Berg in unseren Körper versetzen, also selbst zum Berg *werden*. Fest in der Sitzhaltung verankert, die wir innehaben, wird unser Kopf zum stolzen Gipfel und der Körper zum massiven Rest des Berges, stabil und regungslos.

Mit jedem Atemzug werden wir ein bisschen mehr zu einem riesigen atmenden Berg (oder in meinem Fall: einem ziemlich hohen Hügel), ruhig, zentriert, geerdet und bewegungslos. Ich gebe zwar auch mein Bestes, Halbschwester aber hat sich ihrer Zementsack-Nummer besonnen, ist deshalb jetzt ganz Fels in der Brandung und bewegt keine einzige Kralle mehr.

Da sitzen wir nun also, und für uns ist es allmählich an der Zeit, uns bewusst zu machen (also sinnlich vorzustellen), wie die Sonne jeden Tag eine Reise über den Himmel unternimmt. Dabei ist sie ständig im Wandel und doch immer dieselbe. Schatten nehmen von einem Moment zum nächsten neue Gestalt an und Farben lösen einander ab. Vor unserem inneren Auge entstehen Flüsse, eine Schneeschmelze, Wasserfälle, Pflanzen und wild lebende Tiere. Wow, da ist ja echt viel los! Während wir in unserer Vorstellung als Berg oder ziemlich hoher Hügel dasitzen, werden wir aufgefordert, den Übergang vom Tag zur Nacht, in den nächsten Tag und die darauffolgende Nacht vor uns zu sehen. Die wärmende Sonne zu spüren, der sich die Kühle des Nachthimmels anschließt, die Sterne wahrzunehmen, danach das Dämmern eines neuen Tages.

Bei all diesen Aktivitäten sitzt der Berg beziehungsweise Hügel (sitzen mithin wir) einfach nur da, erlebt Veränderung in jedem Augenblick und bleibt dabei doch immer er selbst. Auch als die Jahreszeiten ineinander übergehen und wiederholt das Wetter umschlägt, kommt keine Unruhe in ihm auf.

Halbschwester, die sich seit Beginn der Übung keinen Millimeter vom Fleck gerührt hat, scheint angesichts des Umstands, dass wir nun bereits mehrere Tage und Nächte durchmeditiert haben, einigermaßen besorgt zu sein. Ganz zu schweigen von all den nur denkbaren Wetterlagen sowie jeder einzelnen Jahreszeit, die wir bislang erlebt und erfahren haben. Und das alles ohne das geringste bisschen zu trinken oder zu essen. Nicht einmal ein Leckerli hat es bislang gegeben.

Außerdem wird sie mit jeder Minute älter und ihr Pelz weiß nicht, ob er gehen oder bleiben soll. Aber keine Sorge, er bleibt. Allein schon, weil der Buddha vom Garten her zuschaut. Keine Spur unbarmherzig tönt die Stimme aus der Konserve unermüdlich weiter, und wir bleiben felsenfest sitzen wie ein Berg und ein ziemlich hoher Hügel, wenn auch zwei sehr hungrige Exemplare. In jeder beliebigen Jahreszeit können wir in Wolken oder Nebel eingehüllt sein, kann eiskalter Regen uns überfallen. Ein Schauer rieselt Halbschwester den Rücken hinab bis in ihre Schwanzspitze. Was weder für den Berg noch für den Hügel auch nur von geringster Bedeutung ist, bleiben sie sich ihrem Wesen nach doch allezeit gleich.

Dieselbe Ruhe, die wir in dieser Meditation empfinden, in der wir uns so geerdet fühlen wie ein riesiger Berg oder ziemlich hoher Hügel, können wir auch im Angesicht all der vielen Veränderungen im Alltagsleben an den Tag legen. Ständig erleben wir die wechselhafte Natur unseres Körpers und Geistes, der Außenwelt, den Wechsel von Hell und Dunkel, Aktivität und Passivität.

Apropos. Eben haben wir Besuch von Umherschweifendem Geist gehabt, der heute einen hellgelben Anorak mit farblich passender Mütze und Schneestiefeln trägt. Er ist nicht lange geblieben, weil er, wie er sagt, dringend Feuer machen muss.

Die Vorstellung, dass es sich mit unseren Gedanken, Gefühlen, Sorgen und den Dingen, die wir erleben, ganz ähnlich verhält wie mit dem Wetter auf dem Berg, kann durchaus hilfreich sein. Auch die im eigenen Leben herrschende Witterung sollten wir nicht ignorieren, sondern zur Kenntnis und bewusst wahrnehmen. Das können wir von Bergen und Hügeln lernen – sofern wir es denn zulassen.

Also sitzen Halbschwester und ich weiter wie zwei Anhöhen da, bis schließlich die Glocke ertönt, die das Ende der Meditation markiert. Und in den abgelegensten Gefilden unseres Geistes steigen derweil kleine watteweiche Rauchwölkchen auf.

NACH EINGEHENDER BETRACHTUNG IM BAMBUSWÄLDCHEN

Wie sich auf wundersame Weise herausstellt, wusste Halbschwester mehr über Aufmerksamkeit, als selbst sie gedacht hätte. Woher? Weiß keine Hundeseele. Sie hat sogar das Bewusstseinsfeld als Metapher verwendet; und wir wissen immer noch nicht so genau, was das überhaupt ist, eine Metapher. Sie mag zwar der Dame von der Post einen Keks geklaut haben oder auch mehr, als die mal nicht hingeguckt hat, doch selbst das erwies sich letzten Endes als Lehrstück. All die liebende Güte, die sie den anderen auf dem Feld gegenüber bewiesen hat, war ziemlich beeindruckend und hat Halbschwester bestimmt eine Menge gutes Karma eingebracht.

Jetzt sitzen wir rechts und links von unserem neuen Freund, dem Buddha, und freuen uns mitteilen zu können, dass er nach dem ganzen Regen, den er abbekommen hat (ohne sich in irgendeiner Weise davon aus der Ruhe bringen zu lassen), nun wieder schön trocken ist.

Die Sonne scheint, und unser Abendessen hatten wir auch schon. Beides trägt dazu bei, dass wir uns von Himalaja-Trekking und Hügel-Expedition bereits gut haben erholen können. Und das Feuer ist auch wieder aus.

Allmählich sehe ich meine Halbschwester in einem ganz neuen Licht und frage mich schon, ob sie nicht vielleicht doch mit Rechter Nervensäge verwandt sein könnte.

Eines scheint mir sicher: Die Ankunft des Buddhas bei uns im Garten hat nicht nur ihre Meditationspraxis auf eine höhere Ebene gehoben, sondern auch ihr Studium beim Kollegen Bücherschrank. Heute hat sie mir sogar gesagt, selbst Katzen seien fühlende Lebewesen; man müsse ihnen nur den rechten Weg weisen. Ob diese Aussage meiner Gefährtin allerdings für neu erworbene Weisheit steht oder einen Besuch bei der Tierärztin erforderlich macht, weiß ich noch nicht.

10

DHARMA, DOGMA UND DIE ULTIMATIVE WAHRHEIT

Deine Zeit ist begrenzt. Verschwende sie nicht damit, das Leben eines anderen zu leben. Vermeide die Falle des Dogmas – das würde heißen, gemäß den Entscheidungen anderer zu leben. Lass nicht zu, dass der Lärm anderer Menschen deine eigene innere Stimme übertönt. Das Wichtigste ist, dass du den Mut hast, deinem Herzen und deiner Intuition zu folgen. Denn irgendwie wissen die längst, was du wirklich werden willst. Alles andere ist nebensächlich.

STEVE JOBS

Bei Einbruch der Dämmerung ist Halbschwester draußen im Garten zu sehen, wie sie in eine Pfütze starrt.

Bevor wir uns ernsthaft mit der Frage befassen, was es wohl mit *Dharma, Dogma* und der *Ultimativen Wahrheit* auf sich hat, möchten wir nur kurz – und nicht ganz so ernsthaft – sagen, dass Dharma und Dogma auch abgefahrene Namen für zwei English Springer Spaniels wären. Und da wir schon dabei sind: Karma wäre auch nicht schlecht. Bei dem müsste man allerdings immer vorsichtig sein, dass es nicht zurückkommt und einen in den Allerwertesten beißt.

Die Sätze von Steve Jobs, die diesem Kapitel vorangestellt sind, gehören übrigens zu Dads Lieblingszitaten. Also, Dad: Mach was draus!

Kollege Bücherschrank steigt mit der Bemerkung in die Erörterung ein, an Dharma könne man sich locker halten, Dogma dagegen halte einen fest im Griff. Er ist wohl heute besonders poetisch gestimmt.

Was aber versteht man denn nun wirklich unter Dharma?

Fragst du Google, erhältst du so etwas wie »Gesetz und Ordnung des Kosmos« als Antwort. Tja. Hört sich irgendwie komisch an. So, als käme die Meditationspolizei und drohe mit Verhaftung, würde man es mal wagen, die Übungspraxis schleifen zu lassen. Viel besser gefällt uns, dass Buddhas Lehren oft als »Dharma« bezeichnet werden. Dieses Wort steht offenbar in einem engen Zusammenhang mit »Wahrheit« – einer Wahrheit, die jede und jeder für sich selbst herausfinden muss. Sieht ganz so aus, als wäre der Buddha für keinerlei

Wischiwaschi-Hypothesen zu haben gewesen. Wohl deshalb auch seine Erklärung, wir sollten das, was er sage, nur glauben, wenn wir wirklich davon überzeugt seien. Das alles sind praktische Lehren, die einem helfen, den Weg zu finden. Sie stellen quasi ein Navi in Sachen Erleuchtung dar.

In der geistigen Welt des Buddhas scheinen blindes Vertrauen und leichtfertiger Glaube nicht das kleinste Plätzchen zu haben. Was ein guter Übergang zum Dogma ist. Über das wir uns allerdings gar nicht allzu ausführlich auslassen müssen, denn die Erklärung des Kollegen Bücherschrank sagt eigentlich schon alles. Sie lautet: »Von einer Autorität zur unumstößlichen Wahrheit erklärtes Prinzip beziehungsweise Prinzipiengebäude.« Also das genaue Gegenteil von Dharma. So mutet es uns einfache Spaniels jedenfalls an. Halbschwester bringt es auf den Punkt, wenn sie in diesem Zusammenhang an Mom erinnert, die uns sagt, es sei zu nass und matschig, um im Garten zu spielen. Das ist dogmatisch. Ein Dogma. Das wir auf den Prüfstand stellen, indem wir rausgehen und schauen, wie nass und matschig es wirklich ist. Das wäre dann Dharma – die Ultimative Wahrheit. Wie sich herausstellt, haben wir recht. Jedoch dummerweise den Faktor *ultimatives Bad* vernachlässigt.

Durchaus möglich, dass wir hier auf der richtigen Spur sind. Wie ein gütiger Mensch mit Namen Thanissaro Bhikkhu schreibt, bezieht sich Dharma auf den Weg der Praxis, den der Buddha seinen Schülern nahebrachte. Auch sagte er einmal, der Begriff »Dharma« beinhalte drei Bedeutungsebenen: die Lehren des Buddhas, die entsprechende Praxis und das Erreichen der Erleuchtung. Uns genügt das.

Halbschwester befasst sich momentan intensiv mit dem Umstand, dass ja auch sie Schüler hat, wenngleich es sich dabei um Katzen handelt, und sinniert über den möglichen Einfluss eines Haufens erleuchteter Schnurrer, die unsere Straße bevölkern. Eine Vorstellung, die ihr vage Angstgefühle einflößt.

Kollege Bücherschrank, der die Bücher studiert, die Dad aus dem Kloster mitgebracht hat, teilt uns mit, dass die Mitglieder der Katzen-Meditationsgang von Halbschwester eigentlich auch eine eigene *Sangha* gründen könnten. Ursprünglich handelte es sich dabei, wie er weiter erklärt, um eine Gruppe von Schülern, die dem weltlichen Leben entsagten, um sich dem Buddha anzuschließen und von ihm zu lernen. Auch nach Buddhas Tod blieben sie zusammen, zogen von Ort zu Ort und ernährten sich von Essensspenden (sogenannten Almosen).

Halbschwester ist jetzt tief in Gedanken versunken. So weit *sind* die Katzen ja eigentlich schon fast, denkt sie. Sie ziehen gemeinsam um die Häuser, hängen zusammen ab, futtern die Fressalien anderer Leute – wenn auch hauptsächlich aus Mülleimern und -tonnen.

Ab jetzt würden sie wohl strengster Überwachung bedürfen. Ein Job, den wohl oder übel Halbschwester übernehmen müsste. Den Gedanken einer Gang von Katzen, die ihr auf Schritt und Tritt folgen, ihr bei jedem Bellen an den Lefzen hängen, empfindet sie nicht gerade als ansprechend. Kollege Bücherschrank versucht sie mit der Info zu beruhigen, dass wir dem tibetischen Kalender zufolge momentan das Erde-

Hund-Jahr haben und dieses für Loyalität, Geborgenheit und Freundschaft stehe.

Auf Halbschwester scheinen seine Worte ihre Wirkung nicht zu verfehlen. Jedenfalls ist sie gleich wieder obenauf und ganz ihr altes aufgeblasenes Selbst. Dabei verschweigt der Kollege Bücherschrank den Umstand, dass wir uns nach besagtem tibetischem Kalender bereits im Jahr 2145 befinden. Was er wohl vor allem des Theaters wegen tut, das seine Geschichte zur englischen Redensart, es regne Katzen und Hunde, seinerzeit ausgelöst hat. Kluge Entscheidung von ihm, finde ich.

Für den Fall, dass wir Wanderschüler werden wollten, die sich von Essensspenden ernähren, sollten wir uns an die Route der Postzustellerin halten, empfiehlt Halbschwester, weil da immer der eine oder andere Keks abfalle. Ansonsten sei der Rote Milan über dem Supermarkt auch ein ganz guter Anhaltspunkt.

An dieser Stelle mischt sich Kollege Bücherschrank wieder ein und schlägt uns eine *Verzichtsübung* vor. Das heißt, dass wir etwas aufgeben sollen, an dem wir sehr hängen. Er meint, wir könnten es ja mal mit einem eintägigen Futterverzicht versuchen. Meine Gefährtin kommt nach gründlicher Überlegung zu dem Ergebnis, die beste Lösung bestehe darin, dass Kollege Bücherschrank darauf verzichte, sich ständig einzumischen. Im Übrigen führe der Vorschlag, aufs Futtern zu verzichten, ihrer Meinung nach auf geradem Weg zur Tierärztin. Und wie sollte man der erklären, dass man nicht todsterbenskrank sei, sondern sich nur in Verzicht übe?

Die Unterredung endet mit der Idee meiner Halbschwester, Kollege Bücherschrank könne ja zu einer Wanderbibliothek werden, von einem buddhistischen Kloster ins nächste ziehen und dort um ausrangierte Bücher betteln. Die dürfe er dann unter denen verteilen, die auf dem Weg zur Erleuchtung etwas Hilfe benötigten. Dass er Gefallen an dieser Idee findet, kann man dem Aufglänzen seines Holzes entnehmen.

Nach dem Abendessen verkündet meine Gefährtin, dass wir uns nun bald auf die Suche nach der Ultimativen Wahrheit begeben. Zuvor aber müssten wir in Erfahrung bringen, wobei es sich darum eigentlich handele. Also: auf zum Kollegen Bücherschrank. Dreimal blättern und wir hätten die gewünschte Auskunft.

Seiner Miene nach zu urteilen, ist er allerdings nicht gerade scharf darauf, sie uns zu geben. Diesen Ausdruck kennen wir schon an ihm. Normalerweise ist er ein Zeichen dafür, dass sich unser Freund auf ein Zwiegespräch mit Halbschwester gefasst macht. Was ganz und gar nicht nach seinem Geschmack ist.

Aber wurscht. Hier ist sie also, die Erklärung der Ultimativen Wahrheit von Kollege Bücherschrank. Mach daraus, was du willst. Wir haben momentan Kopfweh vom vielen Grübeln und legen uns ein bisschen hin.

Im Buddhismus steht die Ultimative Wahrheit für die Dinge, wie sie wirklich sind: Alles verändert sich ständig und hängt von den Umständen ab.

Angenommen, aufgrund bedauernswerter Umstände war Halbschwester gestern traurig – sagen wir, weil der Typ vom Lieferdienst ihr Futter nicht geliefert hat. Heute aber ist sie glücklich und zufrieden, weil Mom in den Laden gegangen ist und ihr etwas gekauft hat (glückliche Umstände).

Für den traurigen Hund von gestern hält sie sich nicht. Denn es wäre ja unwahr zu sagen, sie sei ein trauriger Hund, weil sie nämlich im Moment ein glücklicher, zufriedener Hund ist, der sich angenehmer Umstände erfreut.

Gleichzeitig zufrieden und traurig kann sie auch nicht sein. Also ist sie nicht (mehr) der traurige Hund von gestern. Aber auch der zufriedene, glückliche Hund des gegenwärtigen Moments ist sie nicht. Ja, augenblicklich ist sie glücklich und zufrieden. Aber wenn sie morgen ihre tägliche Runde durch den Garten macht, ist sie womöglich weder glücklich und zufrieden noch traurig, sondern irgendwas dazwischen. Also in neutraler Stimmung. Sie ist einfach nur ein Hund.

Wobei: Im Grunde ist auch das nur ein Etikett, das die Menschen ihr zum Zwecke der besseren Identifizierbarkeit verpasst haben. In Wahrheit ist sie nur. Anders ausgedrückt: Es gibt zum einen Glück und Zufriedenheit, zum anderen Traurigkeit und dann noch die Neutralität. Aber keinen Hund. Es gibt weder Ich, Mich, Mir noch Mein. Das ist die Ultimative Wahrheit.

Nachdem wir die Erklärung des Kollegen Bücherschrank haben sacken lassen, wissen wir Folgendes: Auch der Kollege Bücherschrank kann Kopfschmerzen bekommen. Das ist uns neu und ihm vielleicht auch. Zweitens: Vielleicht sind wir nicht einmal Hunde. Sondern das Wir *ist* einfach.

Halbschwester zieht eine Runde Nachdenken im Bambuswäldchen in Betracht. Da aber die Möglichkeit besteht, dass der Bambus vielleicht gar kein Bambus *ist*, verwirft sie diesen Gedanken recht schnell wieder. Auch sagt sie mir, sie sei ziemlich verwirrt. Keinesfalls aber ein verwirrter Hund. Nach einigem Hin und Her beschließen wir, die Suche nach der Ultimativen Wahrheit erst am nächsten Morgen wieder aufzunehmen.

Jenes runde, hell leuchtende Ding, das in der Frühe aufgeht und gemeinhin als Sonne bezeichnet wird, kündigt einen neuen Tag und damit eine weitere Gelegenheit an, der Sache mit der Ultimativen Wahrheit auf den Grund zu gehen.

Halbschwester wacht aus ihrem Schlummer auf und setzt uns darüber in Kenntnis, dass sie die ganze Nacht von etwas geträumt habe, was man *definitiv* als absolute Wahrheit bezeichnen könne. In diesem Traum habe sie nämlich das gesamte Universum abgesucht und herausgefunden, dass es absolut keine eckigen Kreise und auch absolut keine runden Vierecke gibt. Was ja schon mal ein Anfang ist.

Kollege Bücherschrank stimmt ihr zu, tut sich aber immer noch schwer mit der Möglichkeit, eventuell gar kein Bücherschrank zu *sein*. Jetzt bezweifelt er sogar, dass er überhaupt existiert, und fragt sich, ob seine heißgeliebten Bücher in Wirklichkeit vielleicht nichts anderes als Hirngespinste sind. Da hätten wir aber in ein echtes Wespennest gestochen, teilt er uns mit.

Glücklicherweise wird Frühstück serviert, bevor dieser Gedanke ernsthaft Einzug in die Gehirnwindungen meiner Halbschwester halten kann.

Sobald wir uns ein weiteres Mal den Lehren des Buddhas zuwenden, finden wir heraus, dass die Ultimative Wahrheit nur in der Meditation realisiert werden kann. Jegliches Theoretisieren oder Spekulieren wäre also reine Zeitverschwendung. Das hört sich doch gut an: klingt nach größerer Konzentration und weniger Kopfschmerzen.

Die Lehren des Buddhas stellen die Ultimative Wahrheit über die Welt dar, der allererste wissenschaftliche Ansatz zur Beantwortung von Fragen rund um die wahre Natur des Lebens. Zudem hat er das alles ganz allein herausgefunden, ganz ohne Hilfe (abgesehen von dem einen oder anderen Bällchen, das er Rechter Nervensäge womöglich zugeworfen hat, um die Stimmung ein wenig aufzulockern).

Er ermutigte jeden, seine Lehren zu befolgen und die Wahrheit selbst herauszufinden. Was sowohl eine Einladung als auch Motivation zum täglichen Meditieren ist.

Kollege Bücherschrank, der sich eine Weile nicht zu Wort gemeldet hat, platzt plötzlich mit der Mitteilung heraus, dass es da ein Gedicht gebe, das er sehr mag und von dem er sich wünschen würde, dass wir gründlich darüber nachdenken. Weil es uns seiner Meinung nach helfen kann, die Wahrheit zu begreifen.

Die Erleuchtung ist wie der Mond, der sich im Wasser spiegelt.
Weder wird der Mond nass, noch ist das Wasser zersplittert.

Obwohl sein großartiges Licht alles umfasst,
Spiegelt sich der Mond selbst in der winzigsten Pfütze.
Der ganze Mond und der gesamte Himmel
Spiegeln sich in einem Tautropfen im Gras.
DOGEN

Bei Einbruch der Dämmerung ist Halbschwester draußen im Garten zu sehen, wie sie in eine Pfütze starrt. Sie betrachtet den Mond und die Sterne, den Himmel und das *gesamte* Universum. Was aber vielleicht noch wichtiger ist: Auch sich selbst sieht sie im Wasser gespiegelt. Unmittelbar hinter ihr wiegt sich der Bambus im Wind. Und da sitzt auch der Buddha. Ich könnte schwören, dass sein Lächeln heute viel breiter ist als sonst.

Am nächsten Morgen berichtet meine Gefährtin von ihren Entdeckungen in der Pfütze. Die seien so unglaublich, dass sie sich höchstens mit der herrlichen Vorstellung vergleichen ließen, man könne alle Knöpfe der Fernbedienung auf einmal drücken und so auch alle Kanäle gleichzeitig empfangen. »Dann begreifst du, dass diese ganzen Kanäle miteinander verbunden und Teile eines Pakets sind.« Welches bei uns zu Hause ein Angebot von Sky ist. »Beim Blick in die Pfütze siehst du das gesamte Universum, in dem alles mit allem zusammenhängt. Jede und jeder von uns ist Teil des großen Gesamtbildes, und wir schwingen durchs Universum, wie die verschiedenen TV-Kanäle über den Bildschirm flimmern.«

Kollege Bücherschrank schließt sich dieser Theorie gern an – allerdings mit einer Einschränkung, die er höflich als

Frage formuliert, die da lautet: Ob das bedeute, dass Halbschwester jedes Mal, wenn sie auf die Fernbedienung drücke, vorübergehend die Herrschaft über das Universum übernehme.

Nach einem kurzen Anfall von Größenwahn erklärt meine Gefährtin, es handele sich dabei ja lediglich um eine Metapher. Und dass er das ja wohl selbst am besten wisse. Schließlich sei es ja Kollege Bücherschrank gewesen, der uns alle überhaupt erst mit der Existenz von Metaphern bekannt gemacht habe.

Erwartungsvoll bitten wir Halbschwester, uns ihre Theorie der Ultimativen Wahrheit ausführlich darzulegen, dabei aber sorgfältig darauf zu achten, dass sie keine Metaphern mehr verwendet, insbesondere keine, in denen stechende Insekten die Hauptrolle spielen.

Das mit dem »alles hängt mit allem zusammen« leuchtet uns ein. Auch, was die Pfütze angeht, haben wir so eine Ahnung. Wenngleich leider nicht mehr als eine Ahnung. Was wir uns jedoch fragen, ist: Wie steht's mit Umherschweifendem Geist? Welche Rolle spielt er in der ganzen Geschichte?

Halbschwester denkt eine Weile nach und müht sich sodann nach Kräften. Wir sollen uns vorstellen, meint sie, wir würden noch einmal in die Pfütze schauen. Im Hier und Jetzt ist das die Realität. Dann kommt Umherschweifender Geist vorbei. Womöglich langweilt er sich. Eine Pfütze ist für ihn schließlich nur eine Pfütze. Und weil er sich für nichts Spezielles interessiert, zieht er unsere Aufmerksamkeit ab und lenkt sie in eine andere Richtung. Manchmal geht er in der

Zeit zurück und entsinnt sich etwa darauf, wie es war, als der Rote von nebenan einmal in einer Pfütze landete, oder aber er braust mit verschiedensten Was-wäre-wenn-Fragen oder anderen Visionen volle Kanne in die Zukunft.

Aber ganz egal, wohin er geht: In jedem Fall zerrt er uns von der Ultimativen Wahrheit des Seins fort – davon, was im Hier und Jetzt tatsächlich geschieht. Wenn der Buddha sagt, die Ultimative Wahrheit könne nur in der Meditation gefunden werden, dann weil wir beim Meditieren lernen, Umherschweifenden Geist in die Schranken zu weisen und uns wieder der Realität des Hier und Jetzt zuzuwenden. So beschwichtigen wir den Geist und bringen damit auch die Pfütze zur Ruhe, sodass das Wasser darin wieder klar wird.

Nicht eine Sekunde lang hätten wir damit gerechnet, dass Halbschwester in der Lage sein könnte, das alles derart anschaulich zu erklären. Kollege Bücherschrank vermutet sogar, dass sie ihre ganzen Erkenntnisse auf mirakulöse Weise aus einem seiner Bücher abliest, und veranstaltet deshalb sogar kurzfristig eine Inventur, es fehlt aber kein einziger Band. In Reih und Glied stehen sie alle genau da, wo sie hingehören. Nur Halbschwester ist in den Garten gegangen, um sich die Füße zu vertreten und uns unseren Gedanken zu überlassen.

Die Wochen vergehen, und wir meditieren – mitunter schweigend, manchmal mithilfe von Dads Aufnahmen und hin und wieder auch unter der Leitung von meiner Gefährtin. Die schlammige Pfütze klart von Tag zu Tag ein wenig mehr auf. Neuerdings weigern wir uns sogar, aus den Wasserlachen zu trinken, an denen wir beim Gassigehen vorbeikommen. Das ist ein immenser Akt des Verzichts, denn wie jeder Hund weiß, schmeckt Pfützenwasser viel besser als das aus der Leitung.

Trotz des guten Geschmacks verstellt einem das Trinken aus Pfützen jedoch komplett die Sicht und entfremdet uns so von der Wirklichkeit. Es sei denn natürlich, wir würden achtsam aus der Pfütze trinken – was dann aber auch schon eine meditative Übung für sich wäre.

Kollege Bücherschrank und ich spielen mit dem Gedanken, meine Gefährtin zu fragen, was wohl im Winter ist, wenn das Wasser in der Pfütze gefriert. Bleibt dann womöglich die Zeit stehen, wie wenn die Batterien der Fernbedienung am Ende sind und gar nichts mehr geht? Nach einigem Überlegen schenken wir uns das lieber. Kollege Bücherschrank meint nämlich, damit kämen wir in gefährliche Nähe einer Metapher. Und wo so was hinführen kann, wissen wir ja alle.

Als Reaktion auf unsere Erkenntnisse die Ultimative Wahrheit betreffend, bestreitet Umherschweifender Geist, auch nur das Geringste von der Erschaffung alternativer Universen zu verstehen. Aber es sei nun mal sein Job, Augen und Ohren offen zu halten: nach nützlichen Informationen zu suchen, Ideen, Meinungen, Erinnerungen et cetera.

Das Hier und Jetzt bewusst wahrzunehmen, sei ja schön und gut, manchmal aber müsse man eben losziehen und sich nach etwas Interessanterem umsehen. »Mal ehrlich«, fügt er hinzu, »wie spannend ist denn schon eine Pfütze, wenn man mit der ganzen Schöpfung spielen kann – oder sich gar eine ausdenken.«

In dieser Frage das letzte Wort zu haben, ist für Halbschwester Ehrensache – was aber eigentlich niemanden wundern dürfte. Für ihre Begriffe stellt Umherschweifender Geist ein Opfer seiner Selbsttäuschungen dar, wie sie uns mitteilt. Allerdings räumt sie auch ein, dass er sich in letzter Zeit durchaus als brauchbar erwiesen und ihrer Fantasie tatsächlich bereits einige großartige Ideen eingegeben habe.

Auch uns hat er schon bei der Lösung des einen oder anderen Problems geholfen. Trotzdem: Alles in allem ist er ein elender Bedenkenträger, der mindestens so viele Schwierigkeiten erzeugt wie behebt.

Doch beim Meditieren, regt Halbschwester an, könnten wir ja lernen, ihn zu verstehen, herausfinden, ob er uns dienlich ist oder eher nicht, und dann überlegen, was wir als Nächstes tun. Im selben Moment (und wie aufs Stichwort) kommt Umherschweifender Geist angezottelt. Er weist Halbschwester darauf hin, dass das Abendfutter schon längst hätte serviert werden müssen. Doch unter Umständen sei der Typ vom Lieferdienst auf der Treppe gefallen und habe sich das Knie verletzt. Jetzt läge er womöglich im Krankenhaus, ohne seine Tour abgeschlossen zu haben, und deshalb ende sie – also meine Gefährtin – womöglich als Skeletthund wie der, der an Halloween immer bei uns auf der Matte steht.

Alles klar, oder?

NACH EINGEHENDER BETRACHTUNG IM BAMBUSWÄLDCHEN

Unserer bescheidenen Spaniel-Meinung nach geben die Lehren des Buddhas wichtige Hinweise auf die wahre Natur des Universums – also auf das, was man im Buddhismus als Dharma bezeichnet. Dharma umfasst alles, auch Pfützen, und ist das Gegenteil des von Umherschweifendem Geist erschaffenen Universums. Sobald wir lernen, die Dinge so zu sehen, wie sie wirklich sind, offenbart sich uns die Ultimative Wahrheit.

Wahr scheint auch zu sein, dass Halbschwester all das geistig vollkommen durchdrungen hat. Wie ihr das gelingen konnte, ist ein Rätsel; dem Kollegen Bücherschrank zufolge gibt es in seinem Einzugsbereich kein einziges Buch, das dieses Phänomen erklären würde. Und was Dogma betrifft? Nun, das ist irgend so ein Zeug, von dem irgendwelche Leute meinen, man müsse unbedingt daran glauben.

Wir aber möchten viel lieber den Pfad des Buddhas einschlagen und alles infrage stellen, bevor wir es glauben. Apropos Fragen. Dazu hätte ich noch einen Klassiker: »Warum ist es nicht okay, dass Umherschweifender Geist unsere Aufmerksamkeit von der Pfütze abzieht, allem Anschein nach aber vollkommen in Ordnung, wenn das Rotkehlchen ein Bad in der Pfütze der Ultimativen Wahrheit nimmt?« Schick uns gern eine Postkarte mit der Antwort. Wir kennen sie bislang nämlich noch nicht.

Halbschwester hat ein Gedicht für Umherschweifenden Geist:

Sollte das der Weg zur Erleuchtung sein,
dann zeige mir bitte jemand den Pfad, der als Weg
in die unwissende Glückseligkeit ausgeschildert ist!
THOMAS LAWRENCE

11

DAS KLOSTER

*Tausende Kerzen können mit einer einzigen angezündet werden;
und deren Lebenszeit verkürzt sich dadurch um keine Minute.
Glück wird nie kleiner, wenn man es teilt.*

BUDDHA

Nach dem Frühstück am nächsten Morgen hockt sich Dad
vor Halbschwester hin und stellt sie zur Rede.

Im Haus ist heute Morgen alles ganz ruhig. Was vor allem daran liegt, dass Mom übers Wochenende zu einem ihrer Quilt-Retreats gefahren ist. Die finden im Lake District der Grafschaft Cumbria statt, wo Halbschwester und ich, nebenbei gesagt, auch geboren wurden. Ihre Quilts, die wunderschönen Patchwork-Decken, liegen bei uns daheim auf allen Betten. Eine sogar oben auf dem Treppenabsatz, wo Halbschwester nachts immer schläft. Dieser spezielle Quilt hat allerdings zusätzliche Löcher (zwecks Belüftung). Und dient auch als Zieh- und Zerrspielzeug (daher die Löcher).

Im Unterschied zu unseren Retreats kann Mom auf ihren Quilt-Wochenenden übrigens so viel quatschen, essen, Wein trinken und am Telefon hängen, wie sie mag. Deshalb denken wir, dass »Retreat« möglicherweise das falsche Wort ist. »Party« wäre vielleicht passender. Damit wollen wir keineswegs sagen, dass Mom bei uns zu Hause endlos viel Lärm macht, nein, es ist eher so, dass … also Dad ist der Ruhigere von beiden und verbringt sehr viel Zeit in seinem Büro.

In Anbetracht der ungewohnten Stille gönnen wir uns ein ausführliches Schläfchen, unterbrochen nur von gelegentlichen Ausflügen in den Garten, mal der Aussicht, mal der Notdurft wegen. Kollege Bücherschrank dagegen hat beschlossen, es konstruktiv anzugehen und sich die Zeit mit der Ordnung seiner selbst in alphabetischer Reihenfolge zu verbringen. Und in umgekehrter, sobald die Langeweile überhandnimmt.

Durchs Esszimmerfenster sieht man den Roten von nebenan. Er sitzt auf dem Zaun, der an den Wald grenzt, und praktiziert seine *Bäumezähl-Meditation*. Die hat er letztens in einer der von Halbschwester geleiteten Gruppensitzungen gelernt. Da sich der Wald über viele Kilometer erstreckt, kommt er damit nie zu einem zufriedenstellenden Ende – eine echte Geduldsprobe! Wann immer er von Umherschweifendem Geist unterbrochen wird, wackelt unwillkürlich sein Schwanz. Und den Rest kannst du dir vorstellen: alles in allem ein friedvoller, ereignisloser und besinnlicher Tag. Bis jetzt.

Heute ist Sonntag – der Tag, an dem sich Dad normalerweise Wolldecke und Meditationsbänkchen schnappt und sich auf den Weg zum buddhistischen Kloster macht, zu einer Veranstaltung namens Abend-*Puja*. Allerdings erst, nachdem er die Decke auch noch vom allerletzten Hundehaar befreit hat. Ups!

Wir haben den Kollegen Bücherschrank bemüht, um herauszufinden, wobei es bei so einer Puja eigentlich geht. Und er sagt, Puja sei ein Wort in Sanskrit und bedeute so viel wie »Ehrerweisung«.

Da wir jedoch gehört haben, was Dad Mom darüber erzählt hat, und wir uns auch noch an die Infos vom Kollegen Bücherschrank erinnern, sind wir anderer Ansicht. Denn wie uns auch die Spaniel-Intuition einflüstert, handelt es sich hier weniger um Ehrerbietung als um einen Ausdruck der Dankbarkeit für Buddhas Weisheit und Lehre.

Zum Ablauf solcher Abende gehören jeweils etwas Meditation, Chanten und der Vortrag eines der höherrangigen

Mönche über Buddhas Lehren. Letzteren nennt man *Dharma Talk*. Und der Ort, an dem das alles stattfindet, wird als Dharma-Halle bezeichnet.

Bei der Abend-Puja sind alle Mönche zugegen, die im Kloster leben, außer vielleicht denjenigen, die sich gerade auf Almosentour befinden.

Die Idee eines Dharma Talks gefällt uns. Ich meine: Der Kollege Bücherschrank macht ja einen echt guten Job, ein buddhistischer Mönch allerdings, der über die Lehren des Buddhas spricht, scheint uns doch noch eine Stufe höher angesiedelt zu sein.

Dieses spezielle Kloster steht in der Theravada-Tradition des Buddhismus. Dieses Wort haben wir extra geübt: Thera-va-da. Es bedeutet »Schule der Ältesten«. Und die bezieht ihre Inspirationen aus dem sogenannten *Pali-Kanon*. Der dem Vernehmen nach die älteste überlieferte Aufzeichnung der Lehren des Buddhas darstellt.

Und natürlich ist der Kollege Bücherschrank im Besitz eines Exemplars; Dad hat es vermutlich mal aus dem Kloster mitgebracht. Bei dieser Entdeckung beginnt der Schwanz von Halbschwester wie wild zu wedeln. Während Kollege Bücherschrank den Pali-Kanon heraussucht, stößt er auf einen kleinen Band, der den Titel *A Dhammapada for Contemplation* trägt. Wahrscheinlich stellt auch dieses Büchlein eines von Dads Mitbringseln aus dem Kloster dar und ist nur aus dem Blickfeld geraten, weil es so schmal ist. So dünn dieses Bändchen ist, enthält es doch eine Menge Verse über die Lehren des Buddhas.

Im Vorwort zur ersten Ausgabe des Werkes steht: »So winzig der Splitter Wahrheit vielleicht auch sein mag, den die Lektüre dieses Büchleins vermittelt, wird es doch alle, die sich auf den Pfad begeben, zur Fortsetzung ihres Weges ermutigen.«

Da wir uns auf diesem Pfad befinden, kann uns der schmale Band bestimmt nützliche Dienste erweisen, speziell bei unseren Betrachtungen im Bambuswäldchen.

Vorhin haben wir dort gesessen und über den zwanzigsten Vers des Buddhas nachgedacht. Die Meisterin selbst kennt ihn natürlich auswendig:

> *Nur ein wenig über den Dhamma wissend,*
> *dafür aber mit ganzem Herzen darauf eingestimmt,*
> *die Leidenschaften von Gier, Hass und Verblendung umwandelnd,*
> *alle Anhaftungen an Gegenwärtiges und Zukünftiges loslassend,*
> *wird man wahrlich für sich selbst den Nutzen*
> *des Wegbeschreitens erfahren.*
>
> Dhammapada, Vers 20

Als Dad heute Meditationsbänkchen und Wolldecke ins Auto packt, sind wir verwirrt. Anlass der Verwirrung: Wenn Mom weg ist, fährt Dad nie ins Kloster. Weil nämlich Konsens darüber besteht, dass wir nicht so lange ohne Aufsicht bleiben dürfen. Wir könnten uns schließlich langweilen und auf dumme Gedanken kommen. Was den Leuten so alles einfällt – unglaublich!

Als neben Meditationsbänkchen und Wolldecke schließlich auch wir auf der Rückbank des Wagens landen, steigert sich unsere Verwirrung noch. Halbschwester meint, es gehe vielleicht zur Hundesitterin, und tippt dabei auf Wendy, die unten am Fluss wohnt. Diese Idee hat sich jedoch in dem Moment erledigt, in dem wir an ihrem Haus vorbei und raus aufs Land fahren.

Umherschweifender Geist ist ganz in seinem Element; von den mächtigen Hügeln Schottlands bis zum Tierheim zieht er so ziemlich jede Möglichkeit in Betracht. Der Blick aus dem Fenster erlaubt keinerlei Rückschluss auf unser Reiseziel. Es bleibt ein *komplettes* Rätsel. Weder erkennen wir die Straßen wieder, die wir befahren, noch irgendeine der Gegenden, durch die wir kommen.

Schließlich beenden wir unser Richtungsratespiel und genießen einfach die Aussicht. Umherschweifender Geist allerdings macht noch weiter; gegenwärtig sieht er uns gerade auf dem Weg zum Flughafen, von wo aus wir nach Indien abheben.

Nach etwa fünfundzwanzig Minuten biegen wir ab und fahren einen ziemlich hohen Hügel hoch. Vielleicht hatte Umherschweifender Geist ja doch recht?

Ganz oben sehen wir es dann in all seiner Pracht: das Kloster.

Nie habe ich erlebt, dass Halbschwester das Bellen im Hals stecken bleibt. In diesem Moment allerdings … Sie ist vollkommen baff! Ich jedoch bin noch viel überraschter – erstens, weil Dad uns doch tatsächlich mitgenommen hat, und zweitens, weil ich während der ganzen Fahrt nicht ein einziges Mal kotzen musste.

Nachdem er den Wagen abgestellt hat, führt uns Dad zu einem Haus neben dem Kloster. An der Eingangstür werden wir von einer Dame empfangen, die Dad verspricht, dass sie bis zum Ende der Abend-Puja auf uns aufpasst. Als die Frau ihm dann noch mitteilt, wir seien zwei überaus reizende Hündinnen, hält Halbschwester sie für eine veritable Seherin.

Alles ist gut: das Haus schön, warm und gemütlich. Außerdem verfügt es über einen echten Kamin. Ich bin vollends zufrieden damit, mich vors Feuer zu legen und auf Dads Rückkehr zu warten. Der Ausdruck auf dem Gesicht meiner Halbschwester verrät mir jedoch, dass ihr etwas anderes vorschwebt.

Sie habe einen ganz tollen Plan, lässt sie mich wissen. Damit dieser aber auch funktionieren könne, müsse ich für die Lady ein Ablenkungsmanöver inszenieren. Das sei ein sehr verantwortungsvoller Job, und der Erfolg der gesamten Operation hänge davon ab, wie geschickt ich mich dabei anstelle.

Druck aber übt sie keinen auf mich aus, nöö, kein bisschen.

Um sie bräuchte ich mir keine Sorgen zu machen, betont sie; sie sei rechtzeitig zurück und niemand würde erfahren, dass sie überhaupt weg war. Aber die Gelegenheit sei einfach zu gut, als dass man sie sich entgehen lassen könne. Sagt's und verschwindet durch die Hintertür ins Dunkel der Nacht.

Zu Hause würde ich jetzt erst einmal den Kollegen Bücherschrank fragen, was ich mir wohl unter einem Ablenkungsmanöver vorzustellen hätte. Da wir uns hier aber irgendwo im Nirgendwo befinden, sehe ich mich gezwungen zu improvisieren.

Sobald die Dame des Hauses zurück ist, lasse ich mich in eine würdelose Körperhaltung fallen und werfe ihr mein schnulzigstes Grinsen zu. Sie lächelt freundlich zurück und scheint nicht einmal zu bemerken, dass Halbschwester abgängig ist.

Trotz der Dunkelheit findet meine Gefährtin die Dharma-Halle ohne größere Umstände. Die Lampen an der Außenmauer des Klosters sind an und leuchten hell. Halbschwester sieht Menschen mit Meditationsbänkchen und Kissen eiligen Fußes auf die Halle zustreben; es ist kühl draußen, und ein ordentliches Lüftchen weht. Dad hat schon oft erwähnt, wie windig es oben auf dem Hügel sein kann. Als Witz – oder Metapher – war das offenbar nicht gemeint, wie Halbschwester merkt: Die starken Luftbewegungen kehren das Innere ihrer Ohren nach außen.

Nicht zu befürchten braucht sie jedoch, eventuell nicht das richtige Meditationsequipment dabeizuhaben. Meine Gefährtin hat die richtige Sitzgelegenheit immer dabei, sprich: am Leib.

Sie muss warten, bis alle anderen die Dharma-Halle betreten haben, weil Hunde dort keinen Zutritt haben. Da es jedoch kein entsprechendes Hinweisschild gibt, setzt sie sich über dieses Verbot hinweg. Außerdem ist sie sich ganz *sicher*, dass der Buddha keine Einwände gegen ihre Anwesenheit hätte. Eine gute Nachricht gibt es jedoch auch: Weit und breit ist keine Spur von dem Lhasa Apso zu sehen, jenem vermeintlichen Hüter des Klosters. Entweder ist er spät dran oder im Urlaub.

Sobald alles darauf hinweist, dass die Abend-Puja jeden Moment beginnen kann, huscht Halbschwester durch die Eingangstür und versteckt sich hinten in der Halle.

Sie traut ihren Augen kaum! Ganz vorne steht, umgeben von Blumen und Kerzen, die *größte* Buddha-Statue, die sie je gesehen hat. Sie überragt alles in der Halle und scheint Halbschwester direkt anzusehen. Genauer gesagt ist die Figur des Buddhas hier sogar so groß, dass sie den Erleuchteten bei uns im Bambuswäldchen locker in ihre Tasche hätte stecken können. Sogar einige Möhren für Rechte Nervensäge hätten da noch mit reingepasst.

Meine Gefährtin, die die Blicke durch die Halle schweifen lässt, ist total fasziniert von dem Spektakel, das sich vor ihren Augen abspielt. Unmittelbar vor der Buddha-Statue sind in strahlend orangefarbenen Roben die Mönche aufgereiht; sie sitzen in der beeindruckendsten würdevollen Körperhaltung aller Zeiten auf ihren Kissen. Und ihre Haare … sie müssen alle kürzlich erst im Salon gewesen sein. Und es wird eine ziemliche Weile dauern, bis sie wieder hinmüssen.

Hinter ihnen sitzen die anderen Anwesenden, manche ebenfalls auf Kissen, andere auf Meditationsbänkchen oder Stühlen. Und ganz weit im hinteren Teil der Halle sitzt eine einzelne English-Springer-Spaniel-Dame – reglos, mucksmäuschenstill und wie verzaubert von dem Geschehen um sie herum.

Plötzlich wird die Beleuchtung gedimmt und drei Töne einer Klangschale verkünden den Beginn der Abend-Puja. Zunächst den Auftakt zu einer dreißigminütigen stillen Meditation. Halbschwester schließt die Augen, nimmt eine würdevolle Körperhaltung ein und besinnt sich auf ihren Atem. Kurz darauf kommt Umherschweifender Geist angeschlichen. »Wow, ist das cool hier!«, flüstert er. Schaut sich gründlich in der Halle um, bittet Halbschwester um Verzeihung und verzieht sich wieder. So was hatten wir noch nie!

Meiner Gefährtin ist schnell aufgefallen, wie sehr sich das Meditieren in der Dharma-Halle von dem bei uns zu Hause oder auch im Bambuswäldchen unterscheidet. Eine derartige Energie hat sie nie zuvor wahrgenommen. Was vielleicht an den vielen Mönchen und anderen Menschen liegt, die hier zusammen meditieren. Oder aber an den Schwingungen der zahllosen Meditationen, die hier im Laufe der Jahre schon durchgeführt worden sind.

Doch womöglich genügt auch schon die Präsenz des riesigen Buddhas, um alle zu motivieren. Welchen Grund es auch immer haben mochte: Die Meditation meiner Halbschwester in der Halle ist tiefer als jede andere zuvor, ist hochkonzentriert und wird von nichts gestört. Abgesehen von Umherschweifenden Geists leiser Frage ganz am Ende: »Bist du bald fertig?«

Mit drei Tönen der Klangschale endet die Meditation. Nur zögernd schlägt Halbschwester die Augen auf, denn sie hätte gut und gern noch viel länger sitzen können. Als Nächstes wird gechantet. Da so ein Sprechgesang für meine

Gefährtin etwas vollkommen Neues ist, kommt sie bei dieser Übung nicht ohne Anfängergeist aus.

Alle Anwesenden scheinen sich zur Unterstützung ihrer Bemühungen ein Textbuch besorgt zu haben. Das heißt: alle mit Ausnahme einer gewissen vierbeinigen Teilnehmerin.

Zu Hause hätte ihr Kollege Bücherschrank als Übersetzer zur Seite stehen können. So aber beschließt sie, einfach nur leise mitzusummen. Erneut stellt sich Umherschweifender Geist ein und bietet an, sie zu unterstützen. »Wir könnten doch im Duett chanten«, schlägt er vor. »Und wer weiß: Vielleicht gründen wir ja sogar eine Band?«

Das Chanten wirkt geradezu hypnotisch – ist im Grunde auch eine Form der Meditation – und dauert zwanzig Minuten. Der Text mag ihnen fremd sein, aber das Duett von Halbschwester und Umherschweifendem Geist hört sich eigentlich ganz hübsch an.

In der Halle ist es jetzt wieder heller geworden; alle lassen von ihrer würdevollen Körperhaltung ab und machen sich für den Vortrag eines der ranghohen Mönche bereit. Zur großen Freude von Halbschwester spricht er über die Erleuchtung. Perfekt!

Sie hört aufmerksam zu, achtet auf jedes einzelne Wort und übergibt dann alles Umherschweifendem Geist. Er soll sich auch die geringste Kleinigkeit gut merken, weil sie zu einem späteren Zeitpunkt gründlich darüber nachdenken möchte.

Umherschweifender Geist erweist sich an diesem Abend als außerordentlich hilfreich und fokussiert – vielleicht zum allerersten Mal überhaupt.

Worauf es letzten Endes ankommt, sind eine regelmäßige Meditationspraxis und das genaue Befolgen der Lehren des Buddhas. Auf diese Weise kann die Weisheit entstehen, die uns den Weg zur Erleuchtung weist. *Anstreben* sollten wir sie jedoch nicht, denn kein Eifer – welcher Art auch immer – führt zu diesem Ziel. Schwierig, aber das kennen wir ja schon.

Ein weiterer Sprechgesang, diesmal jedoch auf Englisch, beendet den Abend. Halbschwester sollte jetzt unbedingt in das Haus zurückkehren, bleibt aber noch ein klein bisschen länger. Weil nämlich der Titel des Chants »Buddhas Worte der liebenden Güte« lautet.

Zu behaupten, im Leben meiner Halbschwester hätte dieser Sprechgesang Spuren hinterlassen, wäre eine krasse Untertreibung. Sie mag jede seiner Silben. Die folgenden Zeilen aber rühren sie zu Tränen:

Wie die Mutter, die ihr Kind,
ihr einziges Kind, mit ihrem Leben beschützt,
sollten wir aus grenzenloser Herzensgüte heraus
alle lebenden Wesen lieben:
liebende Güte in die gesamte Welt ausstrahlen.

Während die letzten Worte in der Stille verklingen, verschwindet Halbschwester in die abendliche Dunkelheit und steuert das Haus neben dem Kloster an. Auf halber Strecke fällt ihr der Lhasa Apso wieder ein. Gesehen hat sie ihn nicht, aber er könnte sich versteckt haben. Oder ist so in das

Chanten vertieft gewesen, dass er sie hinten in der Halle nicht bemerkt hat. Vielleicht befindet er sich aber auch wirklich im Urlaub, wie eingangs vermutet, oder macht seinen Job nicht sorgfältig genug. So oder so kann sie von Glück sagen. Seine Abwesenheit hat das Ganze um einiges leichter gemacht.

Schließlich trifft sie wieder ein, was ich auch gut finde, weil so lange in würdeloser Körperhaltung auf dem Rücken zu liegen ganz schön anstrengend ist. Mal ganz abgesehen von meinem schmalzigsten Grinsen, das schon drohte, gar nicht mehr wegzugehen und mir auf ewig das Aussehen einer Figur aus *Wallace & Gromit* zu verleihen.

Minuten später klopft es an der Tür und auch Dad ist wieder da. Von der zwischenzeitlichen Abwesenheit meiner Gefährtin hat er offenbar nichts mitbekommen. Die Dame des Hauses versichert ihm, wir wären sehr brav gewesen und dürften gern jederzeit wiederkommen. Irgendwann tun wir das vielleicht sogar.

In Nullkommanichts sitzen wir wieder im Auto und fahren nach Hause. Aufgrund meines natürlichen Wissensdursts und meiner angeborenen Neugier löchere ich Halbschwester die ganze Zeit über mit Fragen. Ich will unbedingt wissen, was sie von der ganzen Sache in der Dharma-Halle hält. Sie lässt aber kein Fünkchen Info raus – seufzt nur kurz und macht die Augen zu. Da Umherschweifender Geist durch Abwesenheit glänzt, sitzen wir auf dem gesamten Heimweg stumm da, begleitet nur von unserer Atmung, Dad und uns selbst.

Als Dad auf der Auffahrt vor unserem Haus anhält, kommt eine weitere Autofahrt ohne Spucken zum Ende. Obwohl ich Halbschwester diesmal bestimmt hätte auf den Kopf kotzen können, ohne dass es ihr aufgefallen wäre.

Nach dem Frühstück am nächsten Morgen hockt sich Dad vor Halbschwester hin und stellt sie zur Rede. Wir halten alle den Atem an. Wie es so seine Art ist, kommt er sofort auf den Punkt und fragt sie, ob sie nicht vielleicht doch ein böses Mädchen gewesen sei.

Meine Gefährtin setzt ihre süßeste Welpenmiene auf, wendet den Kopf ab und nimmt eine unwürdige Körperhaltung an. Damit kommt sie eigentlich immer durch. Diesmal jedoch nicht, denn Dad hält den Blick auch jetzt noch fest auf sie gerichtet. Dieser Blick erinnert uns an den durchdringenden Verfolgerblick, den Halbschwester früher immer draufhatte, wenn sie dem Roten von nebenan nachstellte.

Dann konfrontiert Dad sie mit einem Buch. Nigelnagelneu, abgesehen von einer verräterischen Bissspur. Anschließend hält er ihr eine Gardinenpredigt, das Anknabbern von Büchern betreffend.

Meine Halbschwester widerspricht mit keiner Silbe. Obwohl sie nie im Leben eines von Dads Büchern angeknabbert hat, knurrt sie nicht, dreht sich nicht frenetisch im Kreis – sondern bleibt einfach total ruhig. Kurz bevor Dad das Haus verlässt, hören wir ihn in der Küche noch zu Mom sagen: »So was hat sie noch nie getan, nicht einmal als Welpe. Und verrückterweise kann ich mich auch nicht erinnern, mir je im Kloster ein Buch über Erleuchtung gekauft zu haben.«

Dieses befindet sich jetzt in der Obhut des Kollegen Bücherschrank, Halbschwester aber zieht es täglich zurate und liest darin. Kollege Bücherschrank hat auch eines der Textbücher vom Chanten in Gewahrsam. Dieses vermisst Dad. Doch des Buddhas weise Worte über die liebende Güte hallen allwöchentlich montags aus dem Garten zu uns herüber, wenn Halbschwester ihre Katzen-Meditationsgruppe leitet. Am Ende der Sitzungen wird jetzt immer gechantet. Alle sind leidenschaftlich mit von der Partie, vor allem der Siamese alias Kumpel Orientalisch Kurzhaar, der aufgrund seiner asiatischen Herkunft eventuell sogar Pali spricht.

Mittlerweile erklingen im Garten übrigens nicht mehr nur die Worte des Buddhas über die liebende Güte; vielmehr hat sich Halbschwester nach ihrem Klostertrip angewöhnt, auch einige sehr merkwürdig klingende Wörter zu chanten. Besonders wenn sie bei unserem Buddha im Bambuswäldchen sitzt oder vor den Sessions ihrer Katzen-Meditationsgruppe.

Kollege Bücherschrank behauptet mit Nachdruck, sie chante auf Pali. Da Halbschwester jedoch das Sprachlernbuch fürs Selbststudium versteckt und Dad sein Laptop mit zur Arbeit genommen hat, bleibt uns die Bedeutung der Wörter verschlossen. Für unsere Ohren hören sie sich an wie:

Namo Tassa Bhagavato Arahato Sammāsambuddhassa

Das sagt Halbschwester alles nicht nur einmal, sondern ganze drei Mal. Wir haben keine Ahnung, worum es in dem Satz gehen soll – das weiß nur meine Gefährtin, und die weigert sich, ihn zu übersetzen. Die Katzen-Meditationsgruppe fragt beim fremden Klang antiker Sprachen bestimmt nicht nach; die sind alle viel zu sehr mit Ein- und Ausatmen beschäftigt und damit, nach ihrem Umherschweifenden Geist Ausschau zu halten.

Apropos Umherschweifender Geist: Bei uns im Haus kursiert das Gerücht, er wisse, was es mit diesem *Namo Tassa Bhagavato Arahato Sammāsambuddhassa* auf sich habe. Wisse, was diese Wörter bedeuten. Und da er mit Halbschwester zusammen im Kloster war, könnte da tatsächlich was dran sein. Bei seiner Fantasie und all dem Chaos, das er so gern anrichtet, warten wir wahrscheinlich besser, bis meine Gefährtin irgendwann doch noch mit der Übersetzung rausrückt. Denn obwohl sich Umherschweifender Geist seit seiner Rückkehr aus dem Kloster als außerordentlich kooperativ erweist, ist und bleibt er doch die weltbeste Kapazität, wenn es darum geht, sich die Wahrheit zurechtzubiegen.

Wir müssen uns in Geduld üben und schauen, was sich aus der Klostererfahrung von Halbschwester noch so alles ergibt. Wer weiß: Vielleicht bin ich beim nächsten Mal ja nicht mehr nur für das Ablenkungsmanöver zuständig, sondern darf tatsächlich mit in die Abend-Puja. Da lerne ich dann unter Umständen sogar noch, auf Pali um meine Abendmahlzeit zu betteln. Mal sehen, wie Dad *darauf* reagiert.

NACH EINGEHENDER BETRACHTUNG IM BAMBUSWÄLDCHEN

Obwohl uns unser erster Ausflug ins buddhistische Kloster ewig in Erinnerung bleiben wird, können wir den nächsten Besuch dort kaum erwarten. Halbschwester studiert eifrig das Erleuchtungsbuch und nimmt ihre Verantwortung als Lehrkraft *sehr, sehr* ernst. Davon bleibt selbst Umherschweifender Geist nicht unberührt.

Ich freue mich mitteilen zu können, dass mein Blut nach der gefühlten Ewigkeit in unwürdiger Körperhaltung inzwischen wieder überall dorthin zurückgekehrt ist, wo es hingehört. Und auch das schmalzige Grinsen stellt sich nur noch gelegentlich ein.

Der Buddha, der sich mittlerweile in seinem neuen Zuhause im Bambuswäldchen eingelebt haben dürfte, lässt sich nach wie vor von nichts aus der Ruhe bringen. Nicht einmal von dem Rotkehlchen, das ihm neuerdings ständig auf dem Kopf sitzt.

Im Haus selbst ist alles ruhig, friedlich und in perfekter Ordnung – das heißt: alles außer Dad. Der grübelt immer noch über das plötzliche Auftauchen des Erleuchtungsbuchs nach und ist mehr denn je überzeugt, es nie aus dem Kloster mitgebracht zu haben. Das müsse er aber, meint dagegen Mom, er habe es nur vergessen.

Worauf sie nicht müde wird, ihm sein fortgeschrittenes Lebensalter in Erinnerung zu rufen. Für unsere Begriffe fällt dieser Beitrag eindeutig in die Kategorie »nicht hilfreich«.

Wir kommen weiterhin häufig in den Genuss der Sprechgesänge von Halbschwester auf Pali. Nur wissen wir leider immer noch nicht, wovon sie handeln.

12

DIE TRANSFORMATIVE KRAFT DES MITGEFÜHLS

Das ist meine schlichte Religion. Es braucht keine Tempel, braucht keine komplizierte Philosophie. Das eigene Hirn, das eigene Herz ist unser Tempel, unsere Philosophie die Güte.

DALAI LAMA

Sie sind alle da, voller Eifer, und hängen Halbschwester geradezu an den Lefzen.

Heute können wir Halbschwester schon bei Sonnenaufgang im Garten sehen. Es ist halb sechs – offenbar die Zeit, in der die Mönche im Kloster aufstehen. Da es für mich noch mitten in der Nacht ist, schaue ich mir das Ereignis nur mit einem halbgeschlossenen Auge an. Dad, der hatte aufstehen müssen, um meine Gefährtin rauszulassen, hat sich zu einer morgendlichen Meditationsübung in sein Büro verzogen. Vielleicht aber auch für ein Nickerchen. Das ist schwer zu sagen.

Das heutige Theater ist keine Ausnahme; vielmehr zieht Halbschwester dieses Ritual schon seit einem Monat regelmäßig zu dieser ungebührlich frühen Stunde durch. Genauer gesagt: seit ihrer Rückkehr aus dem Kloster.

Durchs Esszimmerfenster können wir die Sonne erste Strahlen durch die Spalten zwischen den Zaunpfosten werfen und hübsche Muster ins Gras malen sehen. Hin und wieder fällt das Licht auch durch den Bambus, dessen Halme sich sanft im Wind wiegen. Und es erhellt in diesen Momenten nicht nur den Buddha in seiner ganzen Pracht, sondern auch Halbschwester rechts neben ihm. Sie hat die Augen geschlossen und sitzt in ihrer würdevollsten Körperhaltung da.

Als sie eine halbe Stunde später wieder aufs Haus zutrottet, achtet sie darauf, keinesfalls auf eine der Ameisen zu treten, die sich für ein schnelles Kreis-Tänzchen in der Wärme der frühen Morgensonne eingefunden haben.

In typischer Halbschwester-Manier schmeißt sie sich wenig später auf den Küchenfußboden und wartet auf ihr Frühstück. Interessanterweise wird das nicht von endlosem lautem Bellen oder Sich-im-Kreis-Drehen begleitet. Sie ist einfach die Geduld in Person. Nun, beim ersten Mal würde es dir niemand übelnehmen, wenn du gedacht hättest, dass ich mich meiner Halbschwester in der Schlange am Frühstücksbüfett zugesellt hätte. Aber du wärst im Irrtum gewesen. Ich lasse mich vor Schock und Fassungslosigkeit auf den Küchenboden plumpsen. Hätte Halbschwester nicht gefrühstückt wie sonst auch immer, hätte Mom sie mit Sicherheit auf der Stelle gepackt und wäre sofort mit ihr zur Tierärztin gefahren.

Als Dad nach seiner Meditation in die Küche runterkommt, sagt sie ihm, dass mit meiner Gefährtin offenbar alles in Ordnung sei.

Trotzdem kommt die mir irgendwie anders vor als sonst – aber auf eine gute Art und Weise. Gesund sieht sie auch aus. Sie hat sich angewöhnt, nach dem Frühstück immer einige Zeit mit dem Kollegen Bücherschrank zu verbringen und die Lehren des Buddhas zu studieren. Aber nicht nur das: Seit Kurzem pflegt Umherschweifender Geist zum Zwecke späterer Reflexion Dinge zu diktieren und zu archivieren. Erstaunlicherweise macht ihm das einen Riesenspaß, und er hat sich sogar ein eigenes Ablagesystem einfallen lassen, sodass jetzt nichts mehr falsch einsortiert werden kann.

Kollege Bücherschrank kommt hin und wieder mit einer Metapher ums Eck, wogegen aber in den meisten Fällen niemand etwas einzuwenden hat. Manchmal sieht er deswegen leicht enttäuscht aus. Insgeheim nämlich, glaube ich, hat er das Spiel immer ganz gern gemocht.

Da heute Montag ist, schließt sich dem morgendlichen Studium der Meditationsunterricht für die Katzen an. Sie sind alle da, voller Eifer, und hängen Halbschwester geradezu an den Lefzen. Jede Sitzung beginnt mit dem Sprechgesang aus dem Kloster: *Namo Tassa Bhagavato Arahato Sammāsambuddhassa.* Dreimal wiederholt. Auf Befragen des Kollegen Bücherschrank und mir rückt Umherschweifender Geist schließlich mit der Info raus, der Satz bedeute wohl so etwas wie »Ihm zu Ehren, zu Ehren des Gesegneten, des Erhabenen, des vollkommen Erleuchteten«.

Diese Übersetzung haben wir später verifizieren können, als Halbschwester das Pali-Lehrbuch zum Selbststudium wieder rausgerückt hat. Ungeklärt ist bislang allerdings noch, was zu größerem Erstaunen Anlass gibt: das Zen-artige Verhalten von Halbschwester oder die Tatsache, dass Umherschweifender Geist die Wahrheit gesagt hat.

Apropos erstaunlich. Etwa zwei Wochen nach unserem Klosterabenteuer ist es in der Katzen-Meditationsgruppe von Halbschwester zu einer plötzlichen und ganz unerwarteten Wendung gekommen. Um diese verblüffende Entwicklung jedoch vollumfänglich verstehen zu können, bedarf es vermutlich einiger Hintergrundinformationen:

Initiator der Veränderung war der Siamese. Von ihm ist bekannt, dass er der Jüngste der Gruppe und ausgesprochen furchtlos ist – oder bescheuert, das ist nur eine Frage der Perspektive. Außerdem wissen wir, dass er in einem Haushalt aufgewachsen ist, in dem auch ein Cocker Spaniel gewohnt hat.

Aufgrund dieser ungewöhnlichen Kinderstube sieht er nun in allen Spaniels potenzielle Kumpel – so viel zum Thema Selbsttäuschung. Sieht er einen, walzt er gewöhnlich direkt auf ihn zu und setzt sich vor ihn. Starrt ihn wie gebannt an mit seinen leuchtend blauen Augen. Ich persönlich könnte da jedes Mal ausrasten. Weil er immer näher und näher kommt. Selbst wenn man ihm direkt in die Fresse bellt … der rührt sich nicht vom Fleck. Keinen Zentimeter weit.

Am fraglichen Tag beschloss der Siamese, über den Zaun zu springen und unmittelbar neben Halbschwester Platz zu nehmen. Vielleicht war ihm an dem Tag besonders tapfer ums Herz, unter Umständen konnte er aber auch einfach nicht gut hören. Egal, da saß er dann nun. Und meditierte mit geschlossenen Augen auf Teufel komm raus.

Die Reaktion der übrigen Gruppenmitglieder auf diese verblüffende Aktion war vorhersehbar: Keines von ihnen schloss sich dem Siamesen an. Im Gegenteil. Alle traten sogar noch ehrfürchtig einen Schritt zurück. Aber machen wir uns nichts vor: Wenn überhaupt, wäre auch nur der Rote von nebenan zu einer so mutigen Tat imstande gewesen.

Der Weiße ist ohnehin ziemlich zurückhaltend, und die beiden Dicken hätten höchstens unter dem Zaun durchkrabbeln können. Und um ganz ehrlich zu sein: Vor Beginn der Grabungsarbeiten hätten sie erst mal einen Bauantrag bei der Kommune einreichen müssen. Da der Gemeinderat aber Ewigkeiten braucht, um solche Dinge durchzuwinken, wurde die Idee verworfen. Also blieben die beiden wie angewurzelt kleben, wo sie waren, keuchten ein und röchelten aus und hielten dabei für alle Fälle ein Auge offen.

Ich drückte mir die Nase an der Fensterscheibe platt und wartete, während sich Kollege Bücherschrank die Erste-Hilfe-Anleitung durchlas.

Halbschwester, die selbst mit geschlossenen Augen um die Anwesenheit des Siamesen wusste, beschloss ihn einfach zu ignorieren und die Sitzung wie üblich weiterzuführen. Der Kater, der ihr offenbar vollkommen vertraute, schlug kein Auge auf. Nicht einmal kurz.

Die übrigen Mitglieder der Gruppe schienen irgendwann zu akzeptieren, dass ihr asiatischer Kumpel sein Leben auch unter den gegebenen Umständen nicht so bald würde aushauchen müssen; also schlossen sie die Augen und wandten sich wieder der ernsten Aufgabe des Ein- und Ausatmens zu.

Bei all den erstaunlichen Ereignissen an jenem Tag wäre es kein Wunder gewesen, hätte der Buddha im Bambuswäldchen den Blick seitwärts gewandt, um live zuzuschauen, wie in der Geschichte des Meditationswesens ein neues Kapitel geschrieben wurde.

Als die Sitzung zu Ende war, sprang der Siamese einfach über den Zaun und gesellte sich wieder zum Rest des bunt zusammengewürfelten Haufens. Die Katzen befleißigten sich zu der Zeit gerade einer Übung namens Zungenrollen und schauten ihm entgegen wie einem siegreich aus der Schlacht heimkehrenden Gladiator.

Halbschwester begab sich derweil in die Küche, um sich dort wie an jedem normalen Spätnachmittag ihr Dinner servieren zu lassen. Umherschweifender Geist unterrichtete derweil alle im Haushalt Lebenden über die zahlreichen Möglichkeiten, eine Katze in Angst und Schrecken zu versetzen.

Zwei Wochen vergingen, bevor der Rote von nebenan seinen ganzen Mut zusammennahm, sich zu dem Siamesen setzte und neben Halbschwester Platz nahm. Und obwohl er etwas weiter entfernt saß, war das für ihn doch ein mordsgroßer Schritt.

Während der ersten Sitzungen behielt er beim Meditieren noch ein Auge offen. Ob das allerdings bedeutet, dass er deshalb nur den halben Nutzen daraus zog, oder ob sein Körper bloß zur Hälfte meditierte, können wir nicht mit Sicherheit sagen. Und da es niemanden gibt, der sich dazu befragen ließe, bleibt es auch erst einmal dabei.

Weitere vier Wochen dauerte es, bis der Rote von nebenan sich traute, beide Augen zuzumachen und der Kollege Bücherschrank seine Erste-Hilfe-Anleitung beiseitelegte.

Während dieser ganzen Zeit führte Halbschwester ihre Meditationssitzungen einfach weiter, achtete darauf, dass sich die Katzen von jenseits des Zauns inkludiert fühlten, und versicherte ihnen, dass es völlig in Ordnung sei, nicht tapfer (beziehungsweise nicht schlank) zu sein. Was gutes Karma betrifft, dürfte sie in den vergangenen Wochen Wagenladungen davon angesammelt haben. Das Vertrauen zweier Mitglieder ihrer Gruppe hat sie definitiv gewonnen.

Wären allerdings ein Bauantrag und eine Spur mehr Selbstachtung hinzugekommen, hätte die Bilanz noch besser ausfallen können.

Dass sich die Bekundungen von Mitgefühl und Güte seitens meiner Halbschwester auf die Katzen der Straße positiv ausgewirkt haben, ist nicht zu übersehen. Was das betrifft, fallen der Siamese und der Rote von nebenan besonders ins Auge – sie sind jetzt beste Freunde und immer im Doppelpack unterwegs.

Die beiden Dicken, die mit ihrem Los offenbar ganz zufrieden sind, sitzen tagein, tagaus vor ihrem Haus und ergänzen ihre asthmatische Weltsicht um jede Menge Anfängergeist.

Der Weiße dagegen guckt sich das Ganze von ferne an wie der neutrale Beobachter allen Entstehens und Vergehens. Oder weniger romantisch ausgedrückt: als fehle ihm irgendwas. Wer weiß. Vielleicht träumt er ja auch von der Erleuchtung oder fragt sich, warum er von Kopf bis Fuß schneeweiß ist – mit Ausnahme dieser dämlichen schwarzen Schwanzspitze.

Die Vorstellung, die Straßenkatzen könnten auf der Suche nach Erleuchtung sein, ist übrigens gar nicht so weit hergeholt, wie sie sich vielleicht anhört. Der Sekretär und Schriftgelehrte, früher Umherschweifender Geist genannt, war so nett, uns Einblick in Teile der Lektionen zu gewähren, die Halbschwester ihren Schülern in letzter Zeit erteilt hat.

Seiner Übersetzung zufolge verfügt jedes Individuum über grenzenloses positives Potenzial und die Macht, sein Leben zum Besseren zu verändern. Wenn man nur regelmäßig seine Übungen mache, könne dieses Leben sowohl erfüllter als auch glücklicher werden. Und zugleich sei man in der Lage, der Welt viel mehr zurückzugeben.

Na, glücklich und erfüllt sehen die Katzen ja wirklich aus. Auf das Zurückgeben warten wir bislang allerdings noch – aber sie stehen ja auch erst am Anfang.

Halbschwester setzt nach, indem sie ihnen versichert, sie selbst seien für die Richtung verantwortlich, die ihr Leben nehme. Dass innerer Wandel zu einer Veränderung der äußeren Umstände führen könne und sich auch auf das gesamte Umfeld auswirke.

Nach all diesen Informationen kapituliert der Weiße vielleicht vor der Last der Verantwortung. Oder aber er wägt seine Möglichkeiten ab. Die friedvolle, beschauliche Atmosphäre jedenfalls, die gegenwärtig in unserer Straße herrscht, lässt sich eigentlich nur damit erklären, dass die Schnurrer neuerdings die Lehren des Buddhas in der Version meiner Gefährtin beherzigen.

Da das gesamte Augenmerk meiner Halbschwester nunmehr der Verbreitung von liebender Güte und Mitgefühl allen fühlenden Wesen gegenüber gilt, fällt die Aufgabe, Jagd auf Katzen zu machen, seit einiger Zeit mir zu. Und sie in alle Richtungen davonspritzen zu sehen, macht echt immer einen Riesenspaß. Halbschwester hat mir allerdings eingeschärft, die Botschaft der folgenden Geschichte nie zu vergessen:

Eine junge Frau, die in Indien studierte, hatte sich vorgenommen, mithilfe ihrer Meditationspraxis mehr Liebe, Güte und Wohlwollen zu entwickeln. Wenn sie in ihrem Zimmerchen saß, füllte sie ihr Herz mit liebender Güte für alle Wesen an. Doch ihre liebende Güte wurde täglich auf die Probe gestellt, und zwar bei jedem Lebensmittelkauf im Basar.

Es gab da nämlich einen Ladeninhaber, der sich ihr täglich auf unangemessene Art und Weise näherte. Als sie es eines Tages nicht mehr aushielt, jagte sie den Mann mit bedrohlich emporgerecktem Regenschirm die Straße runter.

Zu ihrem großen Schrecken kam sie dabei an ihrem Meditationslehrer vorbei, der am Straßenrand stand und das Spektakel beobachtet hatte. Beschämt blieb sie vor ihm stehen und machte sich ihrer Aggressivität wegen auf eine ordentliche Standpauke gefasst.

»Du solltest«, riet ihr der Lehrer jedoch freundlich, »dein Herz mit liebender Güte sowie so viel Achtsamkeit erfüllen, wie du nur aufbringen kannst, und diesem Mistkerl deinen Schirm über den Kopf hauen. Mitunter müssen wir so was tun. Wobei der Hieb mit dem Schirm noch das Leichteste ist. Der schwierige Teil besteht darin, diesen Hieb mit all der liebenden Güte auszuführen, die wir im Herzen haben. Das ist nämlich die eigentliche Praxis.«

NACH CHRISTINA FELDMAN UND JACK KORNFIELD:
STORIES OF THE SPIRIT, STORIES OF THE HEART

Genau wie in der Geschichte beschrieben, wäre es ein Leichtes, den Katzen mit der Pfote auf den Kopf zu hauen. Unvergleichlich schwieriger jedoch, dies mit all unserer liebenden Güte im Herzen zu tun. Na ja, ich bemühe mich sehr, mir diese Technik anzueignen. Denn theoretisch macht bekanntlich Übung die Meisterin. Obwohl allerdings die Katzen nicht zu begreifen scheinen, dass das alles langfristig nur zu ihrem Besten ist.

DAS MORGENRITUAL

Kollege Bücherschrank beäugt das mitfühlende Verhalten meiner Halbschwester mit großem Interesse und zeigt sich von der Entwicklung in der Nachbarschaft tief beeindruckt. Seiner Meinung nach versucht meine Gefährtin, die Welt zu verbessern und ihr auf diese Weise etwas zurückzugeben. Seit er die Geschichte von der jungen Frau und ihrem Schirm gehört hat, fühlt er sich inspiriert, das Thema Mitgefühl eingehend zu recherchieren.

Wie gewöhnlich sind auch in diesem Fall – Überraschung! – die Spaniel-spezifischen Infos ausgesprochen rar gesät. Was allerdings die Menschen betrifft, gibt es bereits zahlreiche wissenschaftliche Studien zum Thema Mitgefühl.

Nun, woher der Kollege Bücherschrank seine Informationen hat, wissen wir nicht genau, also wirst du dich vielleicht selbst mit dem Thema befassen wollen, um seine Erkenntnisse zu überprüfen. Hoffentlich hat er recht, denn ihm zufolge scheint die Herausbildung von Mitgefühl echt jeder Mühe wert.

Zunächst einmal produzieren Menschen, die sich in Mitgefühl üben, einhundert Prozent mehr DHEA. Was das sein soll, fragst du dich? Nun, dabei handelt es sich um ein Hormon, das dem Alterungsprozess entgegenwirkt. Hundert Prozent – bei *der* Menge dürfen wir davon ausgehen, dass im Garten bald ein Haufen Katzenbabys von einem Spaniel-Welpen unterrichtet wird.

Der andere Nutzen, den praktiziertes Mitgefühl dem Kollegen Bücherschrank zufolge hat, besteht darin, dass es das Cortisol (das sogenannte Stresshormon) im Blut um 23 Prozent reduziert. Womit es schon zwei gute Gründe gibt, sich regelmäßig in Mitgefühl zu üben.

Der Veröffentlichung einer entsprechenden Forschungsarbeit zu English Springer Spaniels sehen wir mit Interesse entgegen, können die diesbezügliche Spannung aber noch gut aushalten. Kollege Bücherschrank, der ewige Optimist, ist übrigens der Meinung, wir könnten unsere eigene Forschung durchführen und die Ergebnisse im monatlich erscheinenden Newsletter unserer örtlichen Tierärztin veröffentlichen. Sogar einen Arbeitstitel hat er sich schon überlegt:

Mitgefühlstraining und seine Auswirkungen auf eine Gruppe von Katzen mit übertriebener Selbstsicherheit, geringer Eigenliebe und Asthma.
Von Bücherschrank, K.

Aktuell konsultiert er Halbschwester, die allerdings weniger enthusiastisch zu sein scheint. Wodurch sich der Kollege Bücherschrank freilich nicht abschrecken lässt. Der Gedanke, seinen Namen gedruckt zu sehen, treibt ihn voran und führt dazu, dass er meine Gefährtin täglich mindestens einmal interviewt.

Wenn man sich die Mengen an Schriftgut bei uns zu Hause so anschaut, kann man keinesfalls all die vielen Bücher übersehen, die von jemandem namens *Dalai Lama* stammen, dem spirituellen Oberhaupt Tibets. Er ist Dads Lieblingsautor und der Grund, weshalb er einst überhaupt mit dem Meditieren angefangen hat.

Passenderweise handelt es sich bei Seiner Heiligkeit gleichzeitig um die weltweit führende Autorität auf dem Gebiet des Mitgefühls. Glücklicherweise sind wir in einem seiner Bücher auf ein herrliches Morgenritual gestoßen, das wir seither mit Zustimmung von Halbschwester regelmäßig durchführen, um jeden neuen Tag angemessen zu begrüßen.

Heute habe ich das Glück, in der Frühe wieder aufgewacht zu sein. Ich bin lebendig und erfreue mich eines kostbaren menschlichen Lebens, das ich keinesfalls verschwenden werde. Vielmehr nutze ich all meine Energie, um mich weiterzuentwickeln, mein Herz für andere zu öffnen und zum Wohle aller lebenden Wesen die Erleuchtung zu erlangen. Anderen widme ich ausschließlich gute Gedanken. Ich werde auf keinen wütend und denke über niemanden schlecht. Sondern tue anderen so viel Gutes, wie ich nur kann.

D<small>ALAI</small> L<small>AMA</small>

Zur besseren Spanielisierung des Textes ersetzen wir das »kostbare menschliche Leben« durch »kostbares Leben eines Hundes«. Da der Dalai Lama ein überaus mitfühlender Mann ist, dürfte ihm das nichts ausmachen. Soweit wir wissen, wäre es durchaus möglich, dass er selbst einen Spaniel hat – vielleicht sogar einen Abkömmling von Rechter Nervensäge, dem Hund des Buddhas.

Einige Wochen später – man glaubt es kaum – steigt der Dalai Lama in unserer Wertschätzung noch (sollte das überhaupt möglich sein). Wir haben nämlich herausgefunden, dass er allem Anschein nach eine Katze hat.

Dem Kollegen Bücherschrank zufolge gibt es über diese sogar ein Buch, einen Roman mit dem Titel *Die Katze des Dalai Lama*. Und unserer Meinung nach stellt der Verzicht auf das Zusammenleben mit einem Spaniel zugunsten der Fürsorge für eine Katze den *definitiven* Beweis für Mitgefühl dar. Der Dalai Lama ist wahrhaftig der mitfühlendste Mensch der Welt und zweifellos ein Meister darin, jemandem mit einem Herzen voll liebender Güte den Schirm über die Rübe zu hauen.

NACH EINGEHENDER BETRACHTUNG IM BAMBUSWÄLDCHEN

Nachdem wir uns vom ersten Schock erholt haben, dass der Dalai Lama eine Katze besitzt, fangen wir an, uns ernstlich mit der möglichen Wirkung von praktiziertem Mitgefühl und gelebter Güte zu befassen.

Es hat ganz den Anschein, als würden sich aufgrund des Engagements von Halbschwester für die Katzen-Meditationsgruppe hier in unserer Gegend ganze Wellen des Mitgefühls durch die Straßen ergießen. Und da die Schnurrer in letzter Zeit öfter chillen als Jagd machen, dürften auch eine Menge anderer Lebewesen davon profitieren. Halbschwester unterrichtet sie alle – auf beiden Seiten des Zauns.

Das Morgenritual ist inzwischen fest in unserem Alltag verankert – es definiert eine Absicht und gibt uns ein Ziel vor. Wir können es nur wärmstens empfehlen und danken dem Dalai Lama an dieser Stelle von ganzem Herzen dafür.

Ich übe mich derweil darin, der Katzencommunity mit der gesamten Güte meines Herzens einen auf den Dickschädel zu geben. Wobei sich der Siamese als echte Herausforderung erweist. Was hauptsächlich an seiner irrigen Selbsteinschätzung liegt, eigentlich auch ein Spaniel zu sein.

Mittlerweile beschränkt er sich nicht mehr darauf, mich mit seinen großen blauen Augen anzuglotzen, sondern gibt mir mit dem Kopf auch noch so komische Nasenstüber. Entweder mit der ganzen liebenden Güte, die in ihm steckt, oder weil er mich zum Kampf herausfordert. Ob ich erfahren will, was er wirklich im Schilde führt, weiß ich noch nicht so recht.

Nachdem der Kollege Bücherschrank jedes Buch des Dalai Lama gelesen hat, das er im Haus finden konnte, wirft er jetzt die Frage auf, was am glücklichsten und zufriedensten macht. Dabei hat er den Originalbeitrag des Dalai Lama so umformuliert, dass er auf English Springer Spaniels zutrifft.

Frage – in der Spaniel-Version:

Glücklich und zufrieden zu sein ist, glaube ich, der Sinn des Lebens. Von seiner Geburt an will jeder Spaniel glücklich beziehungsweise zufrieden sein und nicht leiden. Daran können weder gesellschaftliche Konditionierungen noch Erziehung oder Ideologien etwas ändern. Aus tiefstem Herzen wünschen wir uns einfach nur ein gewisses Behagen, nichts anderes. Ob das Universum mit seinen zahllosen Galaxien, Sternen und Planeten eine tiefere Bedeutung hat oder nicht, weiß ich nicht. Vollkommen klar ist aber mindestens, dass wir Spaniels, die wir hier auf Erden leben, die Aufgabe haben, einander und uns selbst glücklich und zufrieden zu machen. Deshalb ist es überaus wichtig, herauszufinden, wie das am besten geht.
DALAI LAMA

Antwort:

Gelbe Tennisbälle

Halbschwester, die unzählige Zitate kennt, die der Kollege Bücherschrank ihr zugänglich gemacht hat, möchte dieser Liste auch ein eigenes hinzufügen. Darüber würden sich, glauben wir, sowohl der Buddha als auch der Dalai Lama freuen.

Egal, auf welcher Seite des Zauns du dich befindest:
Raum für Mitgefühl und Güte ist immer.
HALBSCHWESTER

13

DIE WELT,
WIE HALBSCHWESTER SIE SIEHT

Sobald wir mehr Vergangenheit haben als Zukunft,
Schauen wir nach innen,
Um die Person zu erforschen und kennenzulernen,
die sich dort verbirgt.
Die Erleuchtung stellt sich gerade zur rechten Zeit ein.
Und danach?
Was stellen wir mit ihr an?
STEPHEN E. YOCUM

All diese rätselhaften Ereignisse trugen zur Bestätigung des Gefühls von Halbschwester bei, die Reinkarnation von Rechter Nervensäge zu sein, dem Hund des Buddhas.

Es ist jetzt ein Jahr her, seit Halbschwester und ich uns an jenem schicksalsträchtigen Tag in Dads Büro gewagt haben, um alles übers Meditieren in Erfahrung zu bringen. Ich erinnere mich genau: Meine Gefährtin hätte mich eigentlich moralisch unterstützen sollen, hat dann aber die ganze Zeit, in der ich mich in der alten Kunst der inneren Einkehr geübt habe, in einer unwürdigen Körperhaltung vor sich hin geschnarcht.

Trotz ihrer fehlenden Lust, sich auf die Praxis einzulassen, legte sie allerdings doch immer eine Spur von Interesse und Neugier an den Tag. Ich für meinen Teil gab mein Bestes und hielt mich strikt an die Anleitungen.

Hättest du sie bei ihren ersten Übungen beobachtet, die wir gemeinsam gemacht haben, wärst du nie auf die Idee gekommen, dass die Lehren des Buddhas später eine so tiefgreifende Wirkung auf Halbschwester zeitigen könnten. Ihre wilde Karottenmeditation jedenfalls deutete in keiner Weise darauf hin, dass sie es auf dem Weg der Weisheit schon Monate später so weit gebracht haben würde.

Die Veränderungen, die sie zwischenzeitlich durchgemacht hat, dürften auf den Einfluss des Meditierens und der Buddha-Lehren zurückzuführen sein. Wie sie aber von einer erbitterten Gegnerin des Bodyscans (weil sie sich dieses innere Körper-Abtaste-Zeremoniell mit KAtZe abkürzte) zur Lehrmeisterin einer Gruppe von Katzen werden konnte, die sie nunmehr in liebender Güte unterrichtet, geht über meinen Horizont. Hätte ich diese Verwandlung nicht mit eigenen Augen beobachtet, würde ich sie für schlichtweg unmöglich halten.

Aber in den letzten zwölf Monaten ist es ja zu einer ganzen Reihe unwahrscheinlicher Veränderungen gekommen. Wozu auch gehört, dass Umherschweifender Geist von einem lästigen, verblendeten Quälgeist zum persönlichen Assistenten und Archivar für Halbschwester geworden ist.

Mit der unschätzbaren Hilfe des Kollegen Bücherschrank haben wir so viele Erkenntnisse aus den Lehren des Buddhas spanielisiert, wie es unseren Hundeköpfen nur möglich war. Und uns anschließend in einer konzertierten Aktion nach Kräften bemüht, diese Einsichten praktisch umzusetzen.

Dabei wurde schnell klar, dass die Fähigkeit von Halbschwester, Informationen zu speichern und täglich engagiert zu meditieren, gelinde gesagt außergewöhnlich ist. Und zur großen Überraschung des Kollegen Bücherschrank stellte sich sogar heraus, dass gut die Hälfte der Dinge, die sie so von sich gab, nicht einmal den Büchern entstammte, die sich in seiner Verfügungsgewalt befinden. Nicht einmal online konnten wir sie finden! Das legt den Schluss nahe, meine Gefährtin habe dieses Wissen seit jeher in sich gehabt, es mussten nur die richtigen Umstände eintreten, um es ans Licht zu bringen.

All diese rätselhaften Ereignisse trugen zur Bestätigung des Gefühls von Halbschwester bei, die Reinkarnation von Rechter Nervensäge zu sein, dem Hund des Buddhas. Und seien wir doch mal ehrlich: Wie hätten all die Informationen zu ihr gelangen können, wenn nicht auf dem Wege, den die Reinkarnationstheorie beschreibt: von einer Wiedergeburt zur nächsten?

Eines allerdings ist klar: dass wir nicht versuchen werden, diese Hypothese anhand einer Hypnose zu überprüfen. Der Kollege Bücherschrank hat das Buch zum Thema Reinkarnations- beziehungsweise Rückführungstheorie versteckt, und ihm kriecht bis heute ein Schauder über die Rückwand, wenn er an unser Experiment damals denkt.

Da Halbschwester auf dem Weg zur Erleuchtung offenbar die größten Fortschritte gemacht hat, wäre es nur logisch, wenn sie dieses letzte Kapitel hier abschließen würde. Und obwohl sie eigentlich nur ungern im Rampenlicht steht, hat sie sich dazu bereit erklärt. Wobei ich hinzufügen muss, dass da bei ihr nicht irgend so ein Ego-Trip im Spiel ist, sondern ausschließlich der Wunsch, allen Wesen zu einem besseren Leben zu verhelfen, sofern sie sich weiterentwickeln wollen. Deshalb ziehe ich mich jetzt zurück und übergebe Halbschwester das Wort. Oder auch Rechter Nervensäge. Ganz, wie du willst.

UND JETZT SPRICHT HALBSCHWESTER

Da sich meine jüngere Halbschwester nun einmal frech über den von mir geäußerten Wunsch, im Hintergrund zu bleiben, hinweggesetzt hat, muss ich den Faden jetzt wohl oder übel aufnehmen. Um die Kleine kümmere ich mich dann später.

Sie ist zwar ein bisschen schusselig und besessen von gelben Tennisbällen, hat aber auch ihre guten Seiten. Der Bücherschrank und ich glauben, dass aus ihr später mal, wenn sie erwachsen ist, eine gute Schriftstellerin werden kann. (*Sollte* sie jemals erwachsen werden.)

Von unserem Bücherschrank weiß ich, dass der Buddha nach Erlangen der Erleuchtung seine Erkenntnisse zunächst einmal für sich behalten wollte – aus Angst, dass die Leute ihn nicht verstehen würden. Nun will ich zwar nicht behaupten, dass ich schon erleuchtet wäre, habe aber durchaus das Gefühl, ein, zwei wichtige Dinge über das Leben herausgefunden zu haben. Deshalb verstehe ich auch, warum sich der Buddha so verhalten hat. Trotzdem finde ich es wunderbar, dass er schließlich doch angefangen hat, seine Lehren an Interessierte weiterzugeben. Denn hätte er es nicht getan, könnten Millionen von Menschen nicht in den Genuss all der möglichen positiven Effekte kommen – und die Welt wäre ein noch weit garstigerer Ort.

Bei mir besteht das Problem nicht so sehr darin, dass die Leute nicht verstehen würden, was mich umtreibt; sondern eher darin, dass sie mich für ein bisschen irre und reichlich durchgeknallt halten. Denn schließlich und endlich bin ich ja doch einfach eine English-Springer-Spaniel-Lady. Und im Laufe der Jahre ist mir nicht entgangen, dass Leute, denen Dad erzählt, dass zu seiner Familie auch zwei Spaniels gehören, so etwas antworten wie: »Ja, die sind total süß, aber auch ein kleines bisschen verrückt.« Deshalb gebe ich mir größte Mühe, seelenruhig und weise zu wirken.

Anfangen will ich mit jenem schicksalsschwangeren Urlaubstag, als in dem schottischen Cottage, in dem wir waren, ein Buch über Karma und Reinkarnation aus dem Regal und mir auf den Kopf fiel. Abgesehen davon, dass dieser Vorfall eine zeitweilige Formveränderung meiner Birne zur Folge hatte, stellte er auch meine Wahrnehmung der Wirklichkeit komplett auf den Kopf.

Nachdem sich meine erste Angst, ich könnte als Mistkäfer oder Katze auf diesen Planeten zurückkehren, gelegt hatte, fing ich an zu überlegen, wie sich dieses Wieder-, Wieder- und Wiedergeborenwerden wohl auf den Planeten und all seine Bewohner auswirken mag.

Denn machen wir uns doch nichts vor: Wäre uns bewusst, dass wir bis in alle Ewigkeit auf dieser Erde zu Hause sein werden, würden wir uns doch bestimmt sehr viel besser um sie kümmern, als wir es hier und jetzt tun.

Die Frage, die sich aufdrängt, lautet: Wollen wir es wirklich darauf ankommen lassen, dass das mit der Reinkarnation der Wahrheit entspricht?

Aber auch wenn nicht: Überleg doch mal, was für eine Welt wir unseren Kindern, unseren Welpen hinterlassen? Nach gründlicher Überlegung habe ich beschlossen, gütig und mitfühlend zu sein und alle Wesen sowie die Umwelt zu ehren, in der sie leben. Was ich ohnehin längst hätte tun müssen. Denn was für den Buddha gut genug ist, dürfte mit Sicherheit auch mir gut zu Gesicht stehen.

Und dann wäre da noch die ganze Geschichte mit dem Hier und Jetzt, das so oft ausgeblendet wird. Allgemein heißt es ja, Hunde würden stets im Moment leben. Wenn ich mir manchmal allerdings meine jüngere Halbschwester ansehe, bin ich da gar nicht so sicher.

Die Menschen ihrerseits scheinen aufgrund ihrer Faszination von Vergangenheit und Zukunft dem Hier und Jetzt nur äußerst selten einen Besuch abzustatten. Führe ich mir jedoch alles vor Augen, was ich vom Bücherschrank gelernt habe, sieht es eher so aus, als gebe es im Grunde beides nicht: weder Vergangenheit noch Zukunft. Die Vergangenheit ist vorbei und die Zukunft noch nicht eingetroffen. Bleibt also nur die Gegenwart.

Genau wie es der Mann in Dads Computer damals gesagt hat: Das Einzige, mit dem wir arbeiten können, ist die Gegenwart. Wenn wir das Hier und Jetzt nicht bewusst wahrnehmen, werden wir ganz schnell von Umherschweifendem Geist entführt und verpassen diesen kostbaren kleinen Teil unseres Lebens. Der ist dann einfach vorbei. Für immer.

Umherschweifender Geist hält Vergangenheit und Zukunft für eine einzige große Achterbahn, auf der es sich nach Belieben toben lässt. Und im Pfotenumdrehen sind wir in Disneyland und los geht sie, die wilde Fahrt des Lebens, rauf und runter, dass sich uns der Magen umdreht.

Alles, was wir erleben und erfahren, nehmen wir mithilfe unserer Sinne wahr. Aber es wird auch abgespeichert – diesen Job übernimmt das Hirn. Folglich müssen wir mit allem, was wir tun, überaus vorsichtig sein – sonst erhält Umherschweifender Geist noch mehr Munition, mit der er nicht nur spielen, sondern auch herumballern kann. Und wenn wir nicht sehr gut aufpassen, kommt es über kurz oder lang zu einer Explosion.

Was die Informationsflut betrifft, so scheinen Handys und Fernseher die gefährlichsten Übeltäter zu sein. Das wusste ich aber schon, bevor ich mit Meditieren und dem Studium der Lehrreden des Buddhas begonnen habe. Deshalb klaue ich Mom und Dad schon seit Jahren die Fernbedienung. Was die aber nur für ein Spiel halten.

Diese ganze neumodische Technologie ist echt hilfreich. Aber wenn man sich nicht vorsieht, erhöht sie den Druck nur noch, unter dem man eh schon steht.

Ein Freund von unserem Dad zum Beispiel war immer total gestresst, weil ihm sein English Springer Spaniel bei jedem Spaziergang ausgebüxt ist und sich aus dem Staub gemacht hat. Sobald dieser Freund von unserem Dad ihn dann aus den Augen verloren hatte, bekam er es mit der Angst zu tun und fragte sich, wie weit sich der Hund wohl entfernt haben mochte. Dann aber: Auftritt einer Technologie mit der naheliegenden Antwort – einem Tracker, der am Halsband befestigt wird und mit dem Handy verbunden ist. Jetzt weiß man jederzeit, wo sich der Spaniel gerade herumtreibt.

Ob das Problem damit aber gelöst ist? Bei Weitem nicht. Denn jetzt sorgt sich der Freund von unserem Dad, weil er mitkriegt, dass sein Spaniel sich kilometerweit entfernt hat.

Vergiss nicht: Es ist keineswegs immer das Ereignis, das uns stresst, sondern viel öfter unsere Reaktion darauf. Wie uns der Buddha erklärt, besteht der Unterschied zwischen Leiden und Schmerz darin, dass der Schmerz unvermeidlich ist, beim Leiden aber haben wir die Wahl. Oder anders ausgedrückt: Beim Warten auf die Abendmahlzeit zu bellen und in Stress zu geraten, bringt das Futter auch nicht schneller in den Napf.

Wie wir wissen, empfahl der Buddha, alles so lange zu hinterfragen, bis wir uns davon überzeugt haben. Diese Botschaft solltest du dir zu Herzen nehmen – auch wenn ich dir rate, zu meditieren und dich kritisch mit den Gedanken des Buddhas auseinanderzusetzen. Glaub mir nicht blind, sondern bilde dir aufgrund eigener Erfahrungen selbst ein Urteil.

Für alle Fälle könntest du dir ein Bambuswäldchen zulegen und dich zum Nachdenken dahin zurückziehen. Entscheidest du dich nämlich dafür, den Weg der Meditation zu gehen, brauchst du neben etwas Zeit auch einen geeigneten Platz zum Sitzen, Gehen, Liegen und Umherstreunen. Im Anschluss daran kannst du zum Runterkommen und Chillen gern eine vollkommen würdelose Körperhaltung einnehmen. Würde ich dir sogar empfehlen.

Seit unserem freiwilligen Schweige-Retreat im ländlichen Schottland weiß ich das Wunder und die Schönheit der Natur wirklich zu schätzen und mir ist klargeworden, was für ein cooler Ort die Erde im Grunde ist.

Sir David Attenborough versichert uns das schon seit Jahren. Falls du noch keine seiner wunderbaren Sendungen gesehen hast, solltest du dir dringend die Fernbedienung klauen und das Versäumte nachholen.

Jedenfalls ist mir dadurch bewusst geworden, dass alle Wesen, die auf diesem Planeten leben, miteinander verbunden sind und deshalb ihren festen Platz im großen Plan alles Seins haben. Also sollten wir am besten einfach jede Kreatur ihre Aufgabe erfüllen lassen. Schließlich hat uns der Buddha ja eingeschärft, keinen lebenden Wesen Schaden zuzufügen. Der wusste Bescheid, echt jetzt mal!

Die Einsicht in Sachen vom Baum fallende Blätter, zu der meine jüngere Halbschwester im Bambuswäldchen gelangt ist, hat den Nagel auf den Kopf getroffen. In dem Moment hat sie die Vernetzung von allem und allen erkannt. Allerdings wage ich zu bezweifeln, dass sie mein zustimmendes Blinzeln richtig verstanden hat. Der Bücherschrank schon. Der hat's kapiert. Und freut sich darüber, dass er ein Teil von allem und mit seinen Wurzeln verbunden ist. Er feiert diesen Umstand mit Zitaten eines Menschen namens Alan Watts. Wir mögen ihn – er ist nicht nur ein weiser Mann, sondern bringt uns auch zum Lachen. Das folgende ist eines der Lieblingszitate meiner jüngeren Halbschwester:

> *Ich scheine wie alles andere auch einen Mittelpunkt zu bilden, in dem sich die gesamte Energie des Universums wie in einem Wirbel realisiert. Wir alle, und zwar nicht nur wir Menschen, sondern auch jedes Blatt und jedes Kraut, kann so, wie es ist, nur aufgrund all dessen existieren, was um es ist. Individuum und Universum sind nicht voneinander zu trennen.*
> ALAN WATTS

Auch bei Mom und Dad hat die Woche, die wir mitten im Nirgendwo verbrachten, umgeben von all dem Grün und der herrlichen Tierwelt, Spuren hinterlassen. Nicht lange nach unserer Heimkehr haben sie tief in die Tasche gegriffen und ein Ferienhaus auf dem Lande erworben. Da fahren wir jetzt an fast jedem Wochenende hin.

In den Wäldern dort können wir spielen und toben; wir schwimmen im Fluss und unternehmen mit Dad lange, lange Spaziergänge. Hinzu kommt, dass sich meine jüngere Halbschwester abgewöhnt hat, sich im Auto zu übergeben. Allerdings hört sie sich auf der Rückbank des Wagens immer noch wie eine Dampflok an – was ihr jetzt auch den Spitznamen Loko eingebracht hat.

Irgendwie und irgendwann dürften wir dann auch einiges gutes Karma angesammelt haben, denn – tada! – Wendy, die unten am Fluss wohnt, hat auch ein Ferienhaus, und zwar nur zehn, zwölf Kilometer von unserem entfernt. Manchmal gehen wir dann alle zum Spielen in den Wald: ein fünfköpfiges Rudel von Spaniels, die sich auspowern und einander durch die Pfützen jagen.

In letzter Zeit fällt uns allerdings auf, dass Rechter Ein-Blick immer langsamer wird und oft hinter uns zurückbleibt. Einmal haben wir Wendy sagen hören, er pfeife wohl aus dem letzten Loch. Der Bücherschrank, bei dem wir uns danach erkundigt haben, scheint auch nicht zu wissen, was das zu bedeuten hat, aber es handelt sich wohl um eine Metapher. Tja ...

Eingedenk der Buddha-Theorie, man solle alles hinterfragen, habe ich beschlossen, meine Beziehung zu Katzen auf den Prüfstand zu stellen. Wie sich herausstellt, sind Hunde schon seit jeher auf der Jagd nach Katzen. Genauer gesagt: Im Laufe der Jahre haben wir schon so ziemlich alles gejagt.

Allgemein besteht Einigkeit darüber, dass es dabei hauptsächlich ums Fressen geht, getrieben von der Notwendigkeit, Beute aufzuspüren und zur Strecke zu bringen. Vielleicht suchen wir also einfach den Kontakt mit unserem inneren Jäger und Aasfresser. Doch angesichts all der Mofas und Kinder auf Rollern, die von Spaniels gejagt werden, erweist sich diese Theorie natürlich schnell als hinfällig.

Dad hat einen Freund, dessen Spaniel hinter allem her ist, was sich in der Luft befindet. Wobei man ihm Vögel oder Schmetterlinge ja vielleicht noch durchgehen lassen kann, aber einem Hubschrauber über drei Felder nachzujagen? Das ruiniert nur unnötig unseren Ruf.

Was Katzen betrifft, hat mich nach eingehender Betrachtung im Bambuswäldchen eine Erkenntnis ereilt. Es sieht nämlich ganz so aus, als seien wir von Anbeginn aller Zeiten – beziehungsweise seit dem erstmaligen Auftritt von uns Hunden auf der Bühne der Weltgeschichte – darauf konditioniert, alles zu jagen, was sich bewegt. Und zwar getrieben von der Angst, hungrig schlafen gehen zu müssen, täten wir es nicht.

Heutzutage bringt der Lieferdienst das Futter. Und seit unserer frühesten Kindheit hat es immer – ausnahmslos immer – etwas zu fressen gegeben (wenn auch manchmal mit Verspätung). Also habe ich eins und eins zusammengezählt und bin zu dem Ergebnis gekommen, dass unsere Konditionierung darin besteht, dass wir unserer Angst glauben, wir müssten hungrig schlafen gehen. Ein perfektes Beispiel für den viel zitierten Autopiloten.

Deshalb halte ich es für eine ausgesprochen gute Idee, immer genau zu gucken, ob die Vorstellungen, die man hat, womöglich auf geistige Konditionierungen zurückgehen, die entscheidend von vergangenen Ereignissen und früheren Überzeugungen geprägt wurden.

An diesem Punkt erweist sich auch der Anfängergeist als sehr hilfreich. Wobei mir ein Zitat von Marcel Proust einfällt: »*Die wahre Entdeckungsreise besteht nicht in der Suche nach neuen Landschaften, sondern darin, sie mit anderen Augen zu betrachten.*«

Bei meinen Betrachtungen im Bambuswäldchen habe ich allerlei herausgefunden. Die alles überragende Einsicht aber, die ich gewonnen habe, lautet: Auch Katzen sind fühlende Lebewesen. Und wie alle anderen, die diesen Planeten als ihr Zuhause betrachten, wollen auch sie nur glücklich und zufrieden sein. Da bekam ich den Eindruck, dass meinen neuen Katzenfreunden ein bisschen liebende Güte nicht schaden konnte.

Was ich jedoch nicht auf dem Schirm hatte, war ihr Hunger nach mehr und dass die ganze Bagage Woche für Woche immer wieder auftauchen würde. Aufgrund der großen Nachfrage habe ich dann immer mehr meditiert und die Lehren des Buddhas gepaukt, damit wir nach jeder Sitzung noch etwas diskutieren konnten.

Was den Siamesen betrifft: Bei ihm handelt es sich entweder um einen als Kater wiedergeborenen Spaniel oder aber er wurde als kleines Kätzchen entsprechend konditioniert. Ganz sicher hat er jegliche Angst abgelegt, die er womöglich einmal hatte, und verfügt jetzt offenbar über eine geradezu grenzenlose Neugier. Seinen buddhistischen Namen hat ihm meine jüngere Halbschwester verpasst: Rechter Sturkopf.

Kommen wir schließlich – und was mich betrifft: zu guter Letzt – zu unserem Ausflug ins Kloster. Was soll ich dazu sagen? Im Grunde hätte ich mich vielleicht an Ort und Stelle auf den Job des Lhasa Apsos bewerben sollen. Da ich von dem kleinen Nichtsnutz absolut nichts sehen oder hören konnte, *muss* der Posten zu der Zeit eigentlich frei gewesen sein.

Den riesigen Buddha vorn in der Halle werde ich nie vergessen. Genauso wenig wie all die Mönche in ihren orangefarbenen Roben, die in perfekt würdevoller Körperhaltung dasaßen.

Meditation, Chanten und ein Vortrag über Erleuchtung – was könnte es Schöneres geben? Nach diesem Ausflug habe ich beschlossen, mein gesamtes Spaniel-Leben dem Versuch zu widmen, die Lehren des Buddhas zu befolgen und täglich zu meditieren.

Ohne die Inspiration meiner jüngeren Halbschwester, die sich als Erste auf diesen Trip begeben hat, wäre ich heute noch eine futterbesessene faule Spaniel-Lady.

Auf unserer spirituellen Entdeckungsreise habe ich nicht zuletzt gelernt, wie entscheidend das Gleichgewicht für unser Leben ist, die Balance – dass man täglich meditieren, die Lehren des Buddhas studieren und sich trotzdem gut um die Familie kümmern und Spaß haben kann. Was in meinem Fall heißt: mit Mom und Dad kuscheln, mich mit dem Bücherschrank unterhalten und meine jüngere Halbschwester quer durch den Garten jagen.

Empfohlen wird auch, sich mit Umherschweifendem Geist anzufreunden; der kann nämlich durchaus nützlich sein. Und was die Erleuchtung betrifft – dazu hat mir der Kollege Bücherschrank erzählt, was er irgendwo gelesen hat: Alle, die sich für erleuchtet halten, sind es definitiv nicht. Warum lassen wir es damit nicht einfach bewenden.

Übereinstimmend sind wir zu der Auffassung gelangt, dass das letzte Wort dem Dalai Lama gebührt:

Die wahre Bedeutung des Lebens

Wir alle sind Besucher auf diesem Planeten.
Halten uns höchstens neunzig bis
hundert Jahre hier auf.
Während dieser Zeit müssen wir versuchen, etwas Gutes,
etwas Nützliches mit unserem Leben anzufangen.
Wenn du dazu beiträgst, andere glücklich
und zufrieden zu machen,
kommst du dem wahren Ziel nahe,
der wahren Bedeutung des Lebens.

DALAI LAMA

PS: Die Lebenserwartung von English Springer Spaniels ist geringer als die der Menschen. Um alles reinzupacken, müssen wir uns deshalb ziemlich beeilen. Halbschwester meint jedoch, da wir jetzt mehr im jeweiligen Moment seien, würden wir vielleicht gar nicht so lang leben müssen. Und weil ich mit diesem Buch angefangen habe, finde ich, sollte ich auch das letzte Wort haben dürfen. (*Rennt davon.*)

Die jüngere Halbschwester

DARSTELLERINNEN UND DARSTELLER

Erzählerin	Indi	English Springer Spaniel, schwarz-weiß
Halbschwester	Ella	English Springer Spaniel, braun-weiß
Rechte Nervensäge	Buddhas Hund	unbekannt
Kollege Bücherschrank	selbiger	aus Holz
Umherschweifender Geist	selbiger	divers
Dad	Gary	Mensch, männlich
Mom	Kathleen	Mensch, weiblich
Der Rote	Pedro	Kater
Siamese alias Orientalisch Kurzhaar	Charlie	Siamkater
Der Weiße	Max	Kater
Die Dicken	Frodo und Elron	Katzen
Wendy	selbige	Mensch, weiblich
Mix	Lola	Sprocker
Rechter Ein-Blick	Chester	Cocker Spaniel
Skelett-Hund	Spencer	West Highland White Terrier

LITERATURHINWEISE VOM KOLLEGEN BÜCHERSCHRANK

Ajahn Munindo, Abhayagiri Sangha, *A Dhammapada for Contemplation*, Aruno Publications, 2016

Bear, Mark F., Connors, Barry W. und Paradiso, Michael A., *Neurowissenschaften: Ein grundlegendes Lehrbuch für Biologie, Medizin und Psychologie,* Springer Spektrum, 2018

Bodhi, Bhikkhu, *The Noble Eightfold Path: The way to the end of suffering,* Kandy: Buddhist Publication Society, 2010 (dt.: Bhodhi, Bhikkhu: *Der edle achtgliedrige Heilsweg: Der Weg zur Beendigung des Leidens* (Buddhistische Handbibliothek), Beyerlein u. Steinschulte, 2002)

Bodhi, Bhikkhu, *In the Buddha's Words: An Anthology of Discourses from the Pali Canon* (Teachings of the Buddha), Wisdom Publications, 2005

Dr. Purushothaman, *What Buddha Said: Selected Sayings & Quotes of Lord Buddha*, CreateSpace Independent Publishing Platform

Gair, James W. und Karunatillake, W. S., *A new Course in Reading Pali: Entering the Word of the Buddha.* Motilal Banarsidass, 1998

Heads, Gary, *Living Mindfully: Discovering Authenticity Through Mindfulness Coaching*, John Wiley & Sons, 2017

Kabat-Zinn, Jon, *Full catastrophe living: how to cope with stress, pain and illness using mindfulness meditation*, Bantam Books, 2013 (dt.: *Gesund durch Meditation. Das große Buch der Selbstheilung mit MBSR*, Knaur MensSana, 2019)

Kornfield, Jack und Feldman, Christina (Hrsg.), *Soul Food: Stories to Nourish the Spirit and the Heart*, Bravo Ltd, 1996 (dt.: *Geschichten des Herzens: Das Öffnen der inneren Tür*, Arbor, 1997)

Michie, David, *The Dalai Lama's Cat.* Hay House UK, 2012 (dt.: *Die Katze des Dalai Lama*, Heyne, 2019)

Dalai Lama, Cutler, Howard C., *The Art of Happiness: A Handbook on Living.* Hodder Paperbacks, 1999 (dt.: *Die Regeln des Glücks. Ein Handbuch zum Leben*, Herder, 2012)

Kyabgon, Traleg, *Karma: What it is, What it isn't, Why it matters*, Shambala, 2015

Watts, Alan W., *The Spirit of Zen – A Way of Life, Work and Art in the Far East* (S. 152), Pomona Press, 2008 (dt.: *Vom Geist des Zen*, Insel, 2021)

Williamson, Marianne, *The Age of Miracles. Embracing the New Midlife*, Hay House UK, 2008 (dt.: *Lebensmitte. Zeit für Wunder. Veränderungen zulassen – dem Leben neu begegnen*, Knaur, 2013)